LLÊN Y LL
GOLYGYDD: J. E. CAER

# *Tair Rhamant Arthuraidd*

## Gydag arolwg o derfynau beirniadaeth gyfansawdd

### R. M. Jones

GWASG PANTYCELYN

ISBN 1 874786 68 2

Dymuna'r cyhoeddwyr gydnabod yn ddiolchgar
gefnogaeth ariannol Cyngor Celfyddydau Cymru.

Argraffwyd gan Wasg Pantycelyn, Caernarfon

# I
## GERAINT A LUNED
dau a enwyd ar ôl
cymeriadau yn y rhamantau hyn
nid heb reswm

# CYNNWYS

# RHAGAIR

Fe luniwyd y gyfrol fechan bresennol am y salaf o gymhellion. Ni allai neb fod wedi llunio llyfr bach o feirniadaeth lenyddol gan feddu ar waelach rheswm. Ac ar ryw olwg, doedd dim angen y fath ysgogiad amhriodol o gwbl, oherwydd o'r braidd yn y Gymraeg fod yna ryddiaith yr wyf yn cael mwy o flas ar ei darllen na'r Tair Rhamant 'Arthuraidd'. Dylsai'r Tair Rhamant hyn, a hwy yn unig, fod yn unplyg ym mlaenaf fy meddwl wrth ymdrin â hwy'n benodol y fan hon.

Y mae hefyd a wnelont â symudiad mawr odiaeth yn natblygiad llenyddiaeth Gymraeg. Pan ddwedodd R. S. Loomis ym 1949: 'Yn hanes llenyddiaeth seciwlar yr oesoedd canol nid oes yr un digwyddiad mor aruthrol, yr un rhyfeddod mor anghyffredin, na'r un dirgelwch mor hudol, ag ymddangosiad y chwedl Arthuraidd a'i lledaeniad drwy wledydd y gorllewin yn ystod y ddeuddegfed ganrif,' soniai am un o symudiadau gloywaf ein llenyddiaeth, gartref a thramor. Yn hynny o beth yr oedd yn adleisio Alan o Tewkesbury (1167-74): 'Pa le sydd o fewn ffiniau'r gwledydd Cristnogol lle nad yw enwogrwydd adeiniog Arthur y Cymro wedi ymledu? Pwy sydd, 'rwy'n gofyn, nad yw'n siarad am Arthur y Cymro gan ei fod bron mor adnabyddus ymysg pobl Asia ag ydyw ymysg pobl Llydaw fel y mae'r pererinion sy'n dychwelyd o'r Dwyrain yn ei dystio? Mae pobl y Dwyrain fel pobl y Gorllewin yn sôn amdano er bod pellter yr holl ddaear rhyngddynt. Mae'r Aifft yn siarad amdano ac nid yw Bosphorus yn dawel. Rhufain, brenhines dinasoedd, a gân ei glodydd ac nid yw ei ryfeloedd ef yn anhysbys i hen elyn Rhufain – Carthag. Yna, Antiochia, Armenia a Phalesteina, y mae pawb yn canmol ei ddewrder.'

Rhannaf yn rhwydd frwdfrydedd y sylwebyddion hyn. Yr wyf wrth fy modd gyda'r ddelwedd delynegol hyfryd o 'wareiddiad' dychmygol aristocrataidd a gyflwynir yn y Tair Rhamant. Mae'r arddull yn amrywiol afaelgar, tynerwch y tyndra rhwng arwriaeth a sifalri yn gynnil ddeniadol, y gymeriadaeth yn urddasol hardd, a rhediad y stori'n patrymu'n syml dlws. Felly, yr oedd gennyf ysbrydoliaeth hollol addas yn y gwaith ei hun i gadw fy llygad yn flaenaf ac yn ddiwyro ar hwnnw. Gallaswn geisio'i ddarllen yn ofalus glòs a'i ddisgrifio a'i ddadansoddi mor unplyg ag sy'n arferol ar achlysur fel hyn, yn unswydd oherwydd y mwynhad sylfaenol ac er mwyn egluro a dathlu yr hyn a ystyriaf yn un o gampweithiau amlwg llenyddiaeth Gymraeg.

Dim o'r fath beth, sut bynnag. Nid oedd fy sylw'n bur nac yn unplyg o gwbl. Er mawr gywilydd i mi yr oedd f'ymrwymiad mewn man hollol arall. Ers rhai blynyddoedd bûm er gofid i ambell un yn ceisio myfyrio am feirniadaeth lenyddol ei hun. Beth ydoedd? Beth y dylai'i wneud? Yn y ffenomen hon a oedd fel pe bai'n rhedeg i bob math o gyfeiriadau, ar brydiau'n hynod o oddrychol ac argraffiadol, ar brydiau'n sych ystadegol, ar brydiau'n broselytig, ar brydiau'n hanesyddol, fe synfyfyriwn i a oedd yna fodd i eistedd yn ôl ac ystyried beth yn union oedd natur hanfodol y ddisgyblaeth hon yn ei sylw ar y gweithiau unigol eu hunain? Beth oedd ffurf beirniadaeth lenyddol fel y cyfryw? Sut oedd ei diffinio?

Os ŷm yn mynd i ystyried yn gyfrifol ac yn gytbwys yr hyn a ddwedir mewn llenyddiaeth, pwrpas, ac ansawdd y mynegiant, ac ym mha ffordd y mae'n cael ei ddweud, heb ei ddefnyddio fel dogfen hanesyddol na chwaith fel darn o iaith, na chwaith olrhain cefndir y cyfnod na'r ffasiynau mewn gwisgoedd a moesau ac adeiladau, na dulliau meddwl yr oes, na pherthynas pobloedd â'i gilydd (hyd yn oed yn llenyddol), os ŷm yn mynd i ddarllen llenyddiaeth ei hun fel 'llenyddiaeth' ac nid fel dogfen mewn maes academaidd arall, yna mae'n briodol ein bod yn ymholi beth yn union sy'n gwneud llenyddiaeth yn llenyddiaeth. Sut hefyd y mae ystyried ei safon wrth ystyried a yw'n werth ei darllen a myfyrio uwch ei phen o gwbl? Sut y mae ei harchwilio i farnu ei natur?

Mae Beirniadaeth Gyfansawdd yn cynnwys chwe elfen sy'n angenrheidiol ac yn anochel mewn llenyddiaeth, ac ni cheir dim arall mewn beirniadaeth na llenyddiaeth nad yw eisoes yn cael ei gynnwys y tu mewn i'r chwech hyn. Mae'r chwech yn cynnwys dau gyflwr llenydda, sef Tafod a Mynegiant, dau sydd bob amser yn bresennol ac sy'n benodol wahanol o ran natur a pherthynas i'w gilydd er bod y naill a'r llall yn bwydo'i gilydd. Ac ym mhob cyflwr mae yna dri cham neu dair gwedd, eto'n wahanol o ran natur a pherthynas ei gilydd sef Deunydd, Cymhelliad, a Ffurf. A dyna'r cwbl sy'n anochel orfodol mewn llenyddiaeth.

Pan ofynnwyd imi lunio llyfryn bach felly am y Tair Rhamant, tybiais y gallwn achub y cyfle i archwilio sut yr oedd fy syniadau am adeiladwaith llawn beirniadaeth lenyddol yn cael eu cymhwyso i waith go estynedig fel hwn.

Yn awr, nid wyf yn cyflwyno'r canlynol fel model o feirniadaeth lenyddol o gwbl. Ac yn sicr, nid wyf yn dadlau fod angen i bob beirniadaeth ddilyn y patrwm hwn o gwbl na chynnwys bob tro yr holl arweddau a grybwyllir yn y llyfryn hwn. Gall llyfr ac erthygl feirniadol arbenigo, wrth gwrs, yn ôl y diddordeb priodol ar y pryd. Na, nid model. Arolwg o hunaniaeth arweddau'r maes cyflawn yw hwn, gan wneud hynny drwy enghraifft. Hynny yw, ymgais ydyw i weld beth sydd i'w gael mewn beirniadaeth lenyddol.

Byddaf yn y fan yma, rhaid cyfaddef, yn mentro trafod Deunydd, Cymhelliad, a Ffurf yn ymddangosiadol wahân i'w gilydd, yn syml er mwyn tanlinellu pa arweddau gwahanol sydd ar waith ac o dan ystyriaeth wrth drafod llenyddiaeth o safbwynt sy'n benodol 'lenyddol', ac nid yn hanesyddol, yn ieithyddol, nac yn seicolegol. Gwn wrth gwrs am y brotest Ramantaidd yn erbyn 'gwahanu' o'r fath. Fel yr awgrymaf, wrth ymdrin â Mynegiant, y mae'n anochel fod y rhain oll yn cydlynu'n annatod yn y pen draw ac yn cydblethu. Nid dosrannu na rhestru na chymhwyso pob ystyriaeth berthnasol yn gytbwys felly a wnaf, eithr amlinellu'r hanfodion tybiedig. Ond dadleua'r gyfrol hon fod yr arweddau hyn ar waith eisoes mewn Tafod. Dyma'r anturiaeth ddeallol – y maent yn bod, bob un yn ôl ei hunaniaeth a'i swyddogaeth ei hun.

Bwriada'r gyfrol fechan hon o'r herwydd ystyried pa arweddau gwahanol a geir mewn llenyddiaeth sy'n cyfrannu at ei champ lenyddol gyflawn a pha arweddau a phegynau y mae beirniad yn gorfod ymsymud o'u mewn, hynny yw, os yw'r gwrthrych yn aros o fewn diffiniad beirniadaeth lenyddol. Er y gellid eu cyfuno a'u trawsosod a'u toddi yn ei gilydd, y mae pob un o'r arweddau hyn yn bod yn benodol ym mhob gwaith llenyddol. Y mae a wnelom â math o reidrwydd wrth geisio'u cwmpasu, rheidrwydd ffurf beirniadaeth ei hun. Fe'u henwir hwy yn y fan hon a cheisio amlygu cymeriad a swyddogaeth briodol pob un, yn neilltuol mewn Tafod, cyn mynd ati ymhellach i fyfyrio am yr hyn sydd i'w drafod mewn Mynegiant.

Mae gan bob un o'r arweddau hyn ei hunaniaeth ei hun; ac arddangos hynny, a cheisio diffinio arwyddocâd hynny mewn beirniadaeth lenyddol yw ein cais. Archwilir yr arweddau hyn oll drwy drafod yn enghreifftiol dair rhamant gydgysylltiol yn llenyddiaeth yr Oesoedd Canol yng Nghymru.

Yn y gyfrol gynnar *System in Child Language* ceisiais ddirnad beth oedd prif gyfundrefn iaith – o'r hyn lleiaf, pob iaith Indo-Ewropeaidd. Ceisiais ddangos mai'r gyfundrefn ganolog ydoedd (heblaw'r 'gair' ei hun) y Rhannau Ymadrodd Traethiadol. Dyna sylfaen y frawddeg yn ei llawnder. O'i mewn hi ac allan ohoni y tardd pob cyfundrefn arall.

Yn *Tafod y Llenor* wedyn ac yn *Seiliau Beirniadaeth Lenyddol* ceisiais estyn y casgliad hwnnw rywfaint. Un o'm nodau bellach oedd dirnad beth oedd prif gyfundrefnau ffurfiau llenyddol. Ond yn y cyfrolau hynny ar Ffurf, ac mewn cyfrolau eraill, pwysleisiais yn gyson nad 'Tafod' oedd y cwbl o feirniadaeth lenyddol, o bell ffordd. Yr un mor bwysig oedd 'Mynegiant' – sef y maes arferol. Hynny yw, yr hyn a ofynnwn oedd, beth yw ffurf beirniadaeth lenyddol?

Yn y gyfrol fechan hon yn awr yr wyf o'r diwedd am feiddio sôn am y 'cwbl'.

Yr wyf am enwi'r ddwy lefel angenrheidiol sydd i feddwl llenyddol, sef Tafod a Mynegiant, a cheisio dweud yn union gyferbyniol beth ydynt. Yna, yr wyf am enwi'r tri cham neu'r tair gwedd gydlynol a gynhelir yn y meddwl ym mhroses ymlenydda ar lefel cyflwr Tafod, sut y maent yn symud yn feddyliol rhyngddynt a'i gilydd, yn ogystal â'r un tair gwedd neu dri cham yng nghyflwr Mynegiant. Ceisir taro cis ar bob un o'r rhain yn enghreifftiol; eithr cis yn unig yw wrth reswm. Ond prif nod y gyfrol yw cymryd enghraifft sylweddol, sef y casgliad cyflawn o dair rhamant ganoloesol enwog, ac arddangos wrth ddarllen y tair hynny sut a pham y mae'r gweddau gwahanol – y chwech – yn gydbresennol ym mhob un ohonynt. Drwy hynny, yr wyf yn ceisio uniaethu a dynodi pa elfennau angenrheidiol ac anochel sy'n bresennol ym mhob gwaith llenyddol. Ac yr wyf yn meiddio gwneud hynny yn y fath fodd fel y bo'r pegynau hyn yn gynhwysfawr ac yn ddihysbyddol felly, o safbwynt archwilio'r gwaith llenyddol ei hun.

Mae Beirniadaeth Gyfansawdd, hyd yn oed pan fo'n ymgyfyngu i un wedd neu i un rhan o wedd, yn gorfod cadw llawnder y patrwm hwn yn y cefndir. Cyfansawdd yw cyfansoddiad llenyddol. Gresynu a wna'r darllenydd gwâr yn ôl pob tebyg oherwydd fy nefnydd anghonfensiynol o eiriau fel 'gorfod' ac 'angenrheidiol'. Nid ymddiheuraf serch hynny oherwydd yr afradlonedd hwn, oherwydd y mae cyfundrefnau llenyddiaeth fel cyfundrefnau iaith yn *gorfod* cydymffurfio â'r ffordd y mae'r meddwl dynol yn *gorfod* gweithio os yw'n cael gweithio o gwbl.

Un peth y mae adeileddeg seico-fecanaidd gyfansawdd yn ceisio'i wneud yw dadansoddi pa brif elfennau sy'n ffurfio adeiladwaith beirniadaeth fel dull llenyddol penodol, a beth yw perthynas feddyliol-symudol (neu ddeinamig) y gwahanol bwyntiau craidd hyn i'w gilydd wrth gydadeiladu llenyddiaeth. Yn fyr, mae Beirniadaeth Gyfansawdd yn amgau chwe elfen sy'n rheidiol mewn llenyddiaeth, gan hawlio na cheir dim arall nad yw eisoes yn cael ei gynnwys y tu mewn i'r chwech hyn. Dyma'r paramedrau. Mae'r chwech yn cynnwys dau gyflwr, sef Tafod a Mynegiant, sy'n benodol wahanol o ran natur a pherthynas i'w gilydd er bod y naill a'r llall yn bwydo'i gilydd yn ôl ac ymlaen; ac ym mhob cyflwr mae yna dri cham olynol ddeinamig o ran perthynas, sef Deunydd, Cymhelliad a Ffurf. Dyna'r cwbl sy'n anochel orfodol ar y paramedrau, er nad rhaid trafod y chwech yr un pryd wrth gwrs.

Ni wyddom, wrth gwrs, ddim am ddechreuadau llenyddol y rhamantau er y gellid bwrw amcan am *scenario* posibl.

Lluniwyd y Tair Rhamant, *Historia Peredur vab Efrawc* (Peredur), *Chwedyl Iarlles y Ffynnon* (Owain), a *Chwedyl Gereint vab Erbin* (Geraint) mewn ffurf debyg i'r un bresennol tua'r flwyddyn 1100 yn ardal Caerllion-Trefynwy o bosib. Fe'u cadwyd hwy maes o law mewn nifer o lawysgrifau: ymhlith y pwysicaf, ceir darn o chwedl *Geraint* mewn llawysgrif tua 1275, ac yna *Llyfr Gwyn Rhydderch* ca. 1350, a *Llyfr Coch Hergest* 1382-1410. Ni wyddys pwy oedd awdur y rhamantau nac ychwaith ai un person yn unig a luniodd y tair. Os ŷm am fod yn rhyfygus, gellid tybied y buasai'r bardd Berddig, yn llys Gruffudd ap Llywelyn (m. 1063) yng Ngwent, yn berson digon priodol ar gyfer addasu'r defnyddiau mytholegol sylfaenol gan eu tadogi ar ffigurau hanes-yddol, ac y gallasai Meilyr (m. ca. 1174) yntau yn llys Caerllion wedyn fod wrthi'n cyflwyno'r un storïau o hyd, yn ddatblygedig o bosib i gyfeiriad gwrthdrawiad rhwng arwriaeth a sifalri, gyda brwdfrydedd adnewyddedig. Ac ni allaf i lai na chredu, er gwaethaf y gwahaniaethau pendant rhwng y Tair Rhamant, fod ansawdd eu cynnwys thematig a'u harddull (yn ôl dulliau rhethregol rhyddiaith Gymraeg) a'u hadeiladaeth a'u hawyrgylch yn gyfryw fel y gellid derbyn yn ddigon teg *un* awduraeth fel posibilrwydd eithaf cryf i'r tair fel ei gilydd. Ni ellid gwadu bid siŵr nad oedd y storïau hyn ar gerdded drwy Gymru benbaladr y tu hwnt i Went erbyn y drydedd ganrif ar ddeg (neu hyd yn oed ynghynt). Ond dylid cofio bod y traddodiad llawysgrifol yn dibynnu ar ddraddodiad llafar. Yn y llawysgrifau gallai tafodiaith y copïwr gymysgu â thafodiaith y noddwr (e.e. yn achos y Llyfr Coch, Bueallt ac Ynystawe). A gallai llawysgrifau diweddar fod yn fersiynau hŷn na'r llawysgrifau cynnar fel y gwelir wrth gymharu'r fersiynau o *Owain*.

Pam carfanu'r tair hyn gyda'i gilydd?

Ceir rhai nodweddion sy'n gyffredin iddynt (er y gall y rheini beidio â bod yn unigryw iddynt hwy o anghenraid):

1. Mae Caerllion ar Wysg yn briflys i Arthur. Dywedir i'r llys gael ei symud a'i enwogi yno gan Sieffre. Ynghynt bu yng Nghelli Wig, Cernyw, ond ni'm hargyhoeddwyd mai Sieffre a'i symudodd. Tebygaf yn hytrach fod Sieffre'n rhan o gorff o lenyddiaeth, a honno'n cynrychioli bwrlwm gwlatgar lleol a allai fod wedi mabwysiadu Arthur ar gyfer Gwent.

2. Gellir canfod yn y Tair Rhamant rai ffigurau cysylltiedig, sef cymeriadau'n ailymddangos. Yn y tair, ceir Arthur, Cai fab Cynyr, Gwalchmai fab Gwyar, a Gwenhwyfar; yn 'Owain' a 'Pheredur' ceir Owain fab Urien a'r Du (Trahawg neu Draws); yn 'Peredur' a 'Geraint' ceir Hywel fab Emyr Llydaw a Pheredur fab Efrawg; ac yn 'Owain' a 'Geraint' ceir Glewlwyd Gafaelfawr.

3. Tebyg i'w gilydd yw'r gyfres o ddigwyddiadau ymladdgar sy'n asgwrn cefn i 'gynllwyn' y Tair Rhamant.

4. Yna, ymdeimlwn â thebygrwydd arddull o ran naws, natur ac awyrgylch: (i) Rhediadau ansoddeiriol (araith), (ii) Disgrifiadau o allanolion cymdeithasol, moesau, dillad, (iii) Adeiladwaith storïol tebyg, trefn a rhediad llyfn yn frawddegol ac o ran ieithwedd.

5. Cawn weld ymhellach ymlaen mai Sofraniaeth yw thema unol y triawd hwn. Ynghyd â'r gwrthdaro rhwng Arwriaeth yr hen oes a Sifalri'r oes newydd.

6. Fel petai i ategu'r dybiaeth am un awdur, a chydberthynas y tair, ceir fersiwn pwysig arall o'r tair stori mewn prydyddiaeth gan y bardd Ffrangeg Chrétien

de Troyes tua 1155-1180 yn *Erec et Énide, Yvain* neu *Le Chevalier au Lion*, a *Le Conte del Graal* neu *Perceval*. Yn y Gymraeg dilynir *Owain* yn union gan *Peredur* yn y Llyfr Coch, ac y mae'r tair rhamant yn y Llyfrau Gwyn a Choch yn cyd-ddigwydd. Yn ôl Llyfr Gwyn Gwenogvryn Evans, dilynir *Owain* gan *Geraint*. Gall y cyfagosrwydd hwn yn y llawysgrifau fod yn ffactor atodol os oes ffactorau eraill yn awgrymu un awduraeth neu un ffynhonnell gyffredin. Bu llawer o drafod ar y berthynas rhwng y Gymraeg a'r Ffrangeg. Cytunir gan y prif ysgolheigion fod y ffynonellau eithaf yn rhai Cymraeg a Cheltaidd a bod Chrétien wedi llunio gwaith gorchestol o'r defnyddiau hynny. Gellid synied fod yna eisoes yn y Gymraeg, ac yn y Frythoneg cyn hynny, chwedlau neu ddrylliau mytholegol a fu ynghynt yn sylfaen i'r storïau hyn, a'u bod wedi cael eu hadrodd yng Ngwent – ynghyd â channoedd o storïau eraill cyn i'r Normaniaid gyrraedd. Cafodd y chwedlau mytholegol eu troi'n ystoriâu (legends) 'hanesyddol' yn ystod cyfnod hir tua 850-1150 gyda'r bwriad o fawrygu oes arwrol 383-800. Pan ddaeth y Normaniaid ynghyd â'r Llydawiaid i'r parthau hynny, ar ôl lleihau o'r helbulon aflonydd cyntaf rhyngddynt a'r Cymry, ceid cyfathrach rhwng y cyfarwyddiaid llygad-y-geiniog Cymraeg a'r newydd-ddyfodiaid. Gellid derbyn fod yna gymdeithas ddwyieithog am gyfnod, Cymraeg/Ffrangeg (hyd yn oed dairieithog yn ardal Trefynwy gyda'r Llydaweg) a bod ffynonellau'r chwedlau hyn a llu o rai eraill wedi cylchredeg mewn gwahanol ieithoedd (gydag amryfal gymwysiadau) ymhlith yr un cyfarwyddiaid. Nid oes dim sail dros gredu y gallent fod wedi diflannu oddi ar wyneb y gymdeithas draddodiadol geidwadol Gymraeg honno bron cyn gynted ag yr addaswyd hwy i'r Ffrangeg ac yna eu derbyn yn ôl chwap wedyn fel pe na baent ond yn ddieithriaid hyfryd newydd a fyddai'n para'n ddianaf, drwy gyfnod o drai enbyd ar lenyddiaeth lafar, o bosib tan y bedwaredd ganrif ar bymtheg. Dichon y perthyn rhai damcaniaethau o'r fath i hanes seicoleg yn hytrach nag i hanes ysgolheictod.

Dylwn nodi un gyffes yn y fan hon yn hyn o ragair. Ryw bymtheng mlynedd yn ôl, derbyniais y gwahoddiad i lunio'r llyfryn hwn a chytunais i'w sgrifennu pes gallwn, 'pan fyddai'r ddesg yn glir'. Ar y pryd yr oedd gennyf ryw bethau enbyd o dyngedfennol 'ar y ddesg' – er fy mod wedi hen anghofio bellach beth oeddent. Rhyfedd mor bwysig yw popeth am bum munud. Ac fel yn achos pawb arall yn yr un sefyllfa, ni bu'r ddesg byth yn glir. Carwn ddiolch yn ddidwyll i'r Athro J. E. Caerwyn Williams, serch hynny, am y gwahoddiad y pryd hynny, am yr amynedd tu-hwnt-i-reswm wedi hynny, ond yn anad dim am ei ysbrydiaeth, cynhaliaeth a chyfeill-garwch na allaf byth ddiolch digon amdanynt drwy gydol hanner can mlynedd o hogi meddyliau.

## (A.2)
# FFRAMWAITH BEIRNIADAETH GYFANSAWDD

Wrth geisio llunio disgrifiad a dadansoddiad celfyddydol 'cyfansawdd' o'r Tair Rhamant, mae gennyf bellach ymlaen llaw, rai rhagdybiau y mae angen eu hegluro.

Ym meddwl pob llenor cyn sgrifennu, mae yna eisoes bob amser ryw gynhysgaeth, rhywfaint o draddodiad, neu 'ddysg' sylfaenol a gafodd ef gan y gymdeithas. Dyna a ddefnyddia ef hefyd wrth ei fynegi'i hun mewn iaith. Math o iaith yw llenyddiaeth. Fel y mae yna ramadeg (yn ogystal â geirfa) ym meddwl y sawl sydd am siarad ac ymddiddan, a hynny cyn sgyrsio'n ystyrlon mewn perthynas normal ddigelfyddyd, a'r gramadeg hwnnw'n sylfaen heb fod ar ffurf brawddegau parod gorffenedig (mewn drorau megis) eithr yn 'fecanwaith' potensial sydd ar gael yn yr ymennydd ar gyfer llunio Mynegiant, felly hefyd fe geir yng nghynhysgaeth y llenor yntau botensial cyffelyb. Dyma 'fecanwaith' y gallwn roi'r enw trosiadol TAFOD arno. Er enghraifft, i rai sy'n gyfarwydd â barddoniaeth, – yr egwyddor o odl, yr egwyddorion sydd yn y gynghanedd, yr egwyddorion ar gyfer mydrydd-iaeth, boed yn ganu rhydd neu'n ganu caeth (deuol a thriol): dyna beth o gynhysgaeth y bardd yng Nghymru dros gyfnod o ganrifoedd. Nid enghreifftiau penodol o Fynegiant sydd ganddo yn unig ond y mecanwaith mewnol cymharol sefydlog ond cyfyngedig, sydd fel petai'n fath o achos neu o leiaf yn gyflyrwr ar gyfer yr achlysuron diderfyn ac allanol sy'n *effaith*, sef yn y diwedd y darnau neu'r cyfanweithiau o lenyddiaeth.

Yn awr, y mae'r TAFOD ei hun yn y meddwl yn gyfundrefn o gyfundrefnau sefydledig fel petai'n disgwyl am gymhelliad sy'n ei ysgogi i gynhyrchu MYNEGIANT, yn y drefn hon:

TAFOD ⎯⎯⎯⎯⎯⎯⎯⎯⟶ MYNEGIANT
    CYMHELLIAD (PWRPAS, GWERTH,
      AC AWYDD AM DDEALL Y BYD
        DRWY'I DREFN)

Mae gennym ddau gyflwr 'llonydd' felly: y naill yn y meddwl cyffredin wedi'i rannu rhwng pobl (megis gramadeg) a'r llall ar lafar neu mewn ysgrifen: dau gyflwr cyfan gwbl wahanol i'w gilydd. Ond *proses* yw llenydda nid dau *gyflwr* ar wahân. Rhaid cael dolen rhyngddynt, rhaid i'r naill esgor ar y llall. Beth yw'r cyswllt deinamig sy'n ei wneud yn broses? Y CYM-HELLIAD, dim arall, yr ymwybod anochel a diddewis o bwrpas, gwerth, a'r awydd am ddeall drwy drefn: y CYMHELLIAD deinamig, dyna'r bont. Ni ddigwydd dim llenydda nes i'r llenor gael yr ysgogiad hwn.

Fel y mae TAFOD mewn iaith gyffredin yn ddadan-soddiad o realiti ac o fodolaeth cyn bod yr iaith honno yn gallu bod yn FYNEGIANT, felly y mae TAFOD mewn llenyddiaeth yn ddadansoddiad o'r iaith ei hun ac o ddeunydd bywyd. Fel y mae iaith yn ffurfiolad seiniol sy'n cynrychioli ffurfiolad delweddol, felly y mae llenyddiaeth drwy estyniad yn ffurfiolad seiniol pellach sy'n cynrychioli ffurfiolad delweddol, ynysedig, celfydd-ydol pellach.

Llenyddiaeth yw'r ffordd fwyaf datblygedig sydd gan ddyn o ddelweddu'r bydysawd. Mae beirniadaeth lenyddol ei hun, felly, yn ffordd o ddeall ac o werthfawrogi'n well sut y mae dyn wedi llwyddo i ddarlunio'i brofiadau yn y modd mwyaf celfydd. Nod beirniadaeth lenyddol yw disgrifio a dadansoddi a gwerthfawrogi'n 'gyfannol' y ffenomen hon. Ond wrth geisio gwneud hynny'n gyfansawdd 'gyfannol' ni ellir osgoi'r amrywiaeth ystyriaethau o fewn yr undod.

Felly, wrth geisio llunio disgrifiad neu ddadansoddiad o lenyddiaeth, gan fod y ddwy ffenomen TAFOD a MYNEGIANT mor wahanol i'w gilydd, y mae'n bwysig ceisio egluro beth sydd ar waith yn y naill a'r llall, a rhyngddynt. Gan fod a wnelont â phroses ar hyd echel amser rhwng yr adnoddau yn y meddwl a'r cynnyrch gorffenedig, gellir bob amser ddelweddu'r hyn sydd 'ar wahân' yn y ddau begwn drwy ddiagram lle y ceir echel CYMHELLIAD y symudir ar hyd-ddi, ac y mae'r echel honno, er y gall gynrychioli y rhaniad lleiaf o eiliad, yn ddigon fel y gellid ei hystyried yn galon amseryddol i'r creu.

*   *   *

Gosodaf yma yn hyn o ragymadrodd, felly, ddiffiniad o'r rhaniad mewn TAFOD a MYNEGIANT sy'n trefnu'r gyfrol hon ar ei hyd, a sylw cryno ynghylch eu cynnwys.

Yn NHAFOD llenyddiaeth yr wyf yn synied fod yna gyfundrefnau FFURF sy'n hanfodol ieithyddol, yn ddadansoddiad o iaith lenyddol. Fe'u ceir yn olynu'r cyfundrefnau o DDEUNYDD, sy'n hanfodol fytholegol. Dyma'r hen raniad clasurol DEUNYDD a FFURF, cyferbyniad y bu gwrthryfel (anneallus at ei gilydd) yn ei erbyn gan y rhamantwyr. Eto, o safbwynt y drafodaeth o FYNEGIANT roedd y rhamantwyr yn llygad eu lle. Ni ellir didoli DEUNYDD oddi wrth FFURF mewn MYNEGIANT, ddim mwy nag y gellir – gyda'r gair 'dyn' dyweder – ddweud mai sŵn yn unig yw nac mai ystyr yn unig yw. DEUNYDD ydyw ynghyd â FFURF sy'n gwneud undod. Y ddau fel petai yr un pryd ac eto'n olynol o ran perthynas.

Ac eto, gwyddom hefyd (ym myd iaith) y gall y meddwl wrth drafod y gair 'dyn' sylweddoli mai'r syniad arbennig a fynegir ganddo, dyna yw'r DEUNYDD. Bod 'dyn' yn *enw* (gwrywaidd, unigol a.y.b.), dyna yw ei FFURF eithaf, ffurf sy'n perthyn i amryfal syniadau. Felly, y mae i lenyddiaeth ei FFURF amlwg, – e.e., odl, trosiad, drama, ac yn y blaen, – geiriau a ddefnyddir ar gyfer pob math o DDEUNYDD yn ddiwahân. Ond, mewn gwahanol ieith-oedd, fe geir themâu cyffredinol neu fythau bras, y DEUNYDD, y gellir eu cymhwyso drwy ddefnyddio'r FFURF wahanol sydd arnynt.

Pan glywn ramantwr felly yn dadlau'n selog nad oes 'gwahanu' wrth synied am DDEUNYDD a FFURF, does dim angen ond anadlu'r gair Odl – fel ffenomen gyffredinol, fel FFURF 'haniaethol' – ac mae'n gweld y pwynt fel arfer.

Ym myd y plentyn, eisoes â'r bychan ati i feistroli'i fywyd yn feddyliol drwy gyferbynnu ac ailadrodd. Mae'n gweld gwahaniaeth a thebygrwydd: dyna'r ddeuawd sy'n caniatáu iddo ddeall. Fe amgylchir ei synhwyrau gan DDEUNYDD aml a chymysglyd. Y peth cyntaf a gyfyd ynddo yw'r awydd i'w drefnu er mwyn deall, ac yna i ddweud rhywbeth. Gan bwyll felly, drwy gyferbynnu, mae'n ynysu ac yn dadansoddi ac yn dirnad. Yna, mae'n cyd-drefnu'r DEUNYDD hwnnw drwy ailadrodd, gan ddosbarthu pethau gyda'i gilydd a chan eu hamgyffred. Mae'n canolbwyntio'n gyntaf, ac yna'n cysylltu ac yn dosbarthu. Gwahaniaeth a thebygrwydd yw dwy nod-wedd hanfodol FFURF gelfyddydol. Hynny yw, ceir dau symudiad meddyliol, dau dyndra o fath gwahanol hefyd. Mae'r naill (DEUNYDD) yn dechrau yn y cyffredinol gan geisio'r arbennig. Mae'r llall (FFURF) yn dechrau yn yr arbennig gan geisio'r cyffredinol. Troir cyflyrau DEUNYDD a FFURF yn broses drwy ymagwedd 'gadarnhaol' yr awydd i fynegi rhywbeth.

Gallwn ei grynhoi yn ddiagramatig fel hyn:

## TAIR RHAMANT ARTHURAIDD

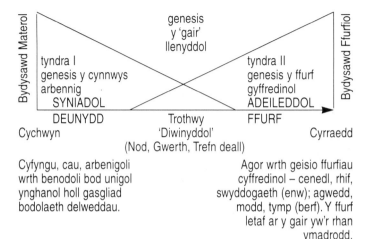

Bydysawd Materol — Bydysawd Ffurfiol

genesis
y 'gair'
llenyddol

tyndra I
genesis y cynnwys
arbennig
SYNIADOL

tyndra II
genesis y ffurf
gyffredinol
ADEILEDDOL

DEUNYDD — Trothwy — FFURF

Cychwyn — 'Diwinyddol' — Cyrraedd

(Nod, Gwerth, Trefn deall)

Cyfyngu, cau, arbenigoli
wrth benodoli bod unigol
ynghanol holl gasgliad
bodolaeth delweddau.

Agor wrth geisio ffurfiau
cyffredinol – cenedl, rhif,
swyddogaeth (enw); agwedd,
modd, tymp (berf). Y ffurf
letaf ar y gair yw'r rhan
ymadrodd.

Gallwn ryfygu awgrymu, er y byddwn o hyn ymlaen yn eu cymhwyso i bob llenyddiaeth yn wahanol yn ôl eu natur eu hun, ein bod yn cael yn y ddau ddiagram uchod seiliau'r cwbl o theori lenyddol. Ymysg yr holl 'gyfundrefnau llenyddol' sy'n dilyn y patrwm hwn, cyfundrefn y rhannau ymadrodd, fel y cawn weld, yw'r sylfaen ffurfiol fwyaf perthnasol i gynllwyn y stori mewn rhamant. Awn ati yn awr i ystyried sut y mae'r ddau gyflwr Tafod a Mynegiant yn gweithredu'r fframwaith hwn yn ymarferol.

\*   \*   \*

(B.3)

# DEUNYDD TAFOD

Gadewch inni, yn gyntaf o'r chwe elfen, ystyried DEUNYDD llenyddiaeth mewn TAFOD, sef tyndra I, drwy glosio at y Tair Rhamant.

Gwyddom fod gan weithiau llenyddol, bron bob amser, themâu a gafwyd eisoes ers tro mewn gweithiau eraill o'u blaen. Y mae a wnelo'r mythau neu'r themâu hyn â phedwar maes. Yr hyn y mae'r llenorion yn ei wneud i bob golwg yw delweddu bywyd, ac y mae'r un sylwedd-au'n cael eu trafod – megis Duw, cyd-ddyn, y fi, a'r amgylchfyd – dro a thrachefn. Mae anghenion cyffelyb yn cael eu hailadrodd o hyd, a rhai o'r un profiadau oesol yn cael eu hwynebu. Pan gawn themâu cyffredinol, neu brofiadau mawr bydeang, neu ddelweddau o sefyllfaoedd neu o weithredoedd neu o gymeriadau cynddelwaidd sefydlog, hynny yw, *mythau cyffredin*, dichon mai teg yw ystyried fod a wnelom â rhywbeth tebyg i DAFOD ym myd DEUNYDD. Hynny yw, y tu ôl i stori unigol fe geir symudiad arweiniol yng nghalon y prif gymeriadau ac ar waith yn y prif ddigwyddiadau sy'n ddyfnach na'r unigolyddiaeth sy'n perthyn i'r un stori honno'i hun: myth neu thema ydyw sy'n cwmpasu profiad llydan cyffredinol. Mae'n ailadroddol mewn gwahanol storïau.

Ceir yn y meddwl cyffredin, o fewn iaith, ddulliau o ymateb i'n profiad. Mae'r gymdeithas yn llenyddol yn etifeddu delweddau a syniadau a rhagfarnau sylfaenol sy'n gymorth inni lunio dealltwriaeth o fywyd. Dyma sythwelediadau yn ein traddodiad meddyliol.

Felly, pan awn ati i fyfyrio am natur llenyddiaeth, ac yn arbennig am Ddeunydd llenyddiaeth, hynny yw, ei chynnwys a'i phynciau a'i themâu, ni ellir llai na sylwi fod yna elfennau yn y Deunydd cychwynnol hwnnw sy'n gyffredinol yn hytrach nag yn unigolyddol. Mae yna batrymau syniadol o feddwl ynghylch ystyr y bydysawd, a'r patrymau hynny'n llydain ac yn gymharol barhaol.

Felly, yn yr Ysgrythur, cawn ddelweddau mawr fel y Daith, neu'r Frwydr, neu'r Garwriaeth i gynrychioli'r ymwybod sydd gan awdur o siâp bywyd. Yn *Culhwch* try'r Daith yn gyfres o dasgau y mae'n rhaid eu cyflawni. Dyma'i 'fywyd' ar y pryd.

Yn achos y Tair Rhamant tybir mai ennill a gwarchod tiriogaeth yw'r myth cyffredin: thema Sofraniaeth. Ceir ysfa ddofn ym mhob math o anifeiliaid i amddiffyn eu cartref a'u tir eu hunain. Cynhyrfir egnïon cyffredinol felly. Trechu'r ymosodwr yw'r norm pan fo'r nerthoedd yn gymharol gyfartal, fel pe bai'r penderfyniad o du'r amddiffynnydd a'r gallu corfforol yn cael eu cadarnhau'n gynhenid, fel pe na bai angen *dysgu* gweithredu fel hyn. Does dim rhaid cael penderfyniad ymwybodol. Nid y cryf, ond y cyfiawn sy'n cael y fuddugoliaeth gan amlaf mewn sgarmesau o'r fath. Y tîm sy'n chwarae gartref sy'n ennill fel arfer. Gyda rhai pysgod, rhaid i'r ymyrrwr feddu ar bron dwywaith maint yr amddiffynnydd er mwyn dwyn y maen i'r wal. Cyfranna'r ymwybod hwn at drefn o fewn y byd; ond yr un pryd, y mae'r ymwybod o drefn a rheoleidd-dra a deddfau natur sydd eisoes yn y byd yn peri i'r isymwybod geisio dosraniad tiriogaeth briodol. Dyma'r angen am ffin, am sicrwydd, am hunaniaeth. Gellid sôn yn briodol am orfodaeth yn yr achos yma, neu am 'fecanwaith' naturiol.

Dyma hefyd thema weddus iawn ar gyfer mynegi cenedlaetholdeb.

Dyma ysgogiad arbennig ynghylch un wedd ar fywyd, sydd heb gynnwys dim o *gynllwyn* unigolyddol y stori'i hun: egwyddor ydyw.

Sofraniaeth yw'r term twt a ddefnyddia mytholegwyr a dadansoddwyr chwedlau i gyfleu'r hanfod hwn yn y Rhamantau hyn. 'Cael neuadd fawr rhwng cyfyng furiau . . . Gwarchod trefn . . . Cadw tŷ mewn cwmwl tystion,' dyna ffordd Waldo Williams o gyfleu'r un peth. Dyma ysfa sydd y tu ôl a'r tu hwnt i unrhyw enghraifft achlysurol storïol, delynegol neu ddramatig. Gan mor ddwfn ac elfennaidd yw sofraniaeth hyd yn oed ymhlith anifeiliaid ac adar gwylltion, dichon y gellid ei chyfrif yn wedd ar Dafod DEUNYDD. Ac yn Nhafod y Tair Rhamant, dyma, fe ystyrir bellach, y myth ysgogol. Meddai Proinsias Mac Cana ar sail ei brofiad Celtaidd llydan, 'That the sovereignty myth underlines the three romances is beyond question.'

Dechreuir ymdrin â DEUNYDD llenyddiaeth, felly, drwy ystyried y myth neu'r brif thema. Wrth feddwl am ddiffinio ystyr y ddau derm yna, rwy'n credu fod y gair 'thema'n' fwy haniaethol na 'myth' at ei gilydd. Dyma'r egwyddor unol mewn deunydd penodol, y syniad ynddo (heb gorff arbennig) sy'n corddi cefndir meddwl yr awdur. Ni raid i'r gair thema, fwy na'r gair myth, olygu rhywbeth estynedig iawn mewn llenyddiaeth, a gellir thema mewn rhan gymharol fach o'r gwaith. Yn ôl Tomasiefsci ceir echel o themâu, yn fynych, sy'n ymestyn o'r lleol a'r achlysurol hyd at y rhai parhaol a mwyaf bydeang megis serch a marwolaeth. Dyma ergyd neu fwriad ystyrol *motiff* neu gwlwm o *fotiffau*.

Yn ddynastaidd, o fewn cyd-destun meddyliol yr awdur ynghylch Ynys Prydain, cysylltir Peredur yn y rhamant neu mewn traddodiad ag ardal Efrog, Owain ab Urien â Rheged a'i wraig Lleuddin (yng ngwaith Chrétien, Laudine) â Lleuddiniawn (Lothian), a Geraint fab Erbin â Chernyw. Roedd y cyntaf a'r olaf yn ymwneud ag ardaloedd a feddai ar gysylltiadau Llydewig cryf oherwydd patrwm y goncwest Normanaidd. Yn wir, byddai'r Llydawiaid yn gallu gweithredu fel un o'r pontydd posibl i'r cyfandir maes o law ar gyfer lledaenu'r chwedlau. Roedd y teyrnasoedd hyn oll yn arwyddocaol o fewn y cyd-destun Prydeinig, fel y daliwyd i feddwl amdano wedyn gan awdur *Armes Prydain* yntau, gŵr a oedd hefyd yn gynnyrch i'r un cynnwrf gwleidyddol â'r Tair Rhamant, ac o bosib yn byw yn y Gelli-gaer yn yr un ardal ddaearyddol fras.

Gyda llaw, fe all fod yn werth nodi fod Peredur Vab *Eurawg* (a oedd yn ôl yr achau yn fab i Eliffer) yn priodi gwraig a feddai ar enw tebyg o ran orgraff os yn wahanol o ran ynganiad, sef Angharad Law Eurawg. Bu tad

Peredur farw ar ddechrau'r chwedl, ac yna mae ef yn mynd ati i ennill sofraniaeth 'Eurawg'. Sylwer: Enw ar berson hanesyddol sy gan arwr y rhamantau bob tro, ac enw y gellid ei gysylltu â bro sy gan yr arwres hithau: Efrawg (Eurawg) yn rhamant *Peredur*, Lleuddin yn rhamant *Owain* (neu o leiaf *Yvain*), Enid (Gwened) yn Llydaw yn rhamant *Geraint*.

Fel yn yr Wyddeleg, personolai'r Gymraeg sofraniaeth fel gwraig yr oedd priodas â hi yn symboleiddio undeb â'i theyrnas. Ceid yn fynych fotiff trawsffurfiant pryd y newidid y wraig hardd honno yn wrach dlawd, neu fel arall y wrach yn fenyw brydferth. (Ceir olion hyn yn *Geraint*). Ceid helfa carw neu faedd a oedd eto'n gysgod neu'n symbol o geisio sofraniaeth. Byddai sofraniaeth hefyd, yn draddodiadol, yn darparu dysgl neu win yn ôl y ddefod. A cheid amryfal brofion o briodoldeb yr arwr i feddu ar sofraniaeth, yn erbyn pwerau'r Byd Arall.

Fel y sylwodd yr Athro Caerwyn Williams (SC XIV/XV): 'Hyd yn ddiweddar, hyd yn oed yn Ewrob, doedd a wnelo priodas ddim yn unig ag undeb dau berson, y gŵr a'r wraig a unwyd mewn priodas, eithr hefyd â chlymiad dau deulu neu ddau gylch achyddol.' Yn ôl y gyfraith, eiddo oedd yr hyn a oedd y tu ôl i briodas, ac fe allai fel y nododd yr Athro Charles-Edwards (B.XXVII) fod 'cysylltiad rhwng *priodolder*, perchnogaeth na ellir ei diddymu, a "phriodas, gŵr priod, gwraig briod".'

Nododd Rhian Andrews (B.XXVII): 'Tebyg yw chwedl *Breuddwyd Macsen*, lle y mae Macsen yn ceisio brenhiniaeth Prydain drwy briodi Elen, ac fe all rhai o'r hanesion a adroddir gan Sieffre o Fynwy (e.e. am Helena ferch Coel, er nad oes a wnelo'r chwedl hon mewn unrhyw fodd â *Breuddwyd Macsen*) fod yn tarddu o gynseiliau tebyg.'

Erbyn y fersiwn terfynol o'r Tair Rhamant sydd yn ein meddiant yn awr nid amlygir yn uniongyrchol finiog yr ystyr fytholegol; ni phwysleisir yn amlwg bellach mai symbolau sofraniaeth sydd ar waith; ac i bob golwg, chwedlau syml am ddewrder a serch a rhyfeddod sydd yma. Ond treiddia'r gyfundrefn o werthoedd delfrydus drwy'r helbulon oll a ddarlunnir. A phriodol cofio'r grymusterau mewnol cudd hyn. Yr un *milieu* ag a oedd gan awdur y rhamantau, yr un ardal gyfansoddi yn wir, yr un gynhysgaeth sylfaenol o chwedloniaeth draddodiadol a roddodd ysgogiad a defnydd i Sieffre o Fynwy yntau, ac o fewn yr un cyd-destun o arfogaeth a defodaeth gymdeithasol y gweithredid y naill a'r llall.

Yn ôl Glenys Witchard Goetinck (*Llên Cymru* 8, 169): 'Ymgais arwr i hawlio tiriogaeth ac i ymsefydlu ynddi, i ennill sofraniaeth ac i deyrnasu, yw'r brif thema (yn y tair rhamant) . . . Yn y tair rhamant fe ddeuir â'r arwr i sefyllfa y gellid ei disgrifio fel uchafbwynt ei yrfa, a chyrhaeddir yr uchafbwynt hwn gan y tri arwr yn yr un modd. Gadewir iddynt fwynhau ffrwythau eu llwyddiant am ysbaid, ond nid dyna ddiwedd eu hanes oblegid daw profiadau ychwanegol i'w rhan.'

Gallwn yn awr grynhoi ein sylwadau am dyndra'r DEUNYDD (a ddarlunnid megis theori gyffredinol) yn y Tair Rhamant (fel enghraifft arbennig). Mewn cyfnod pryd y caed ymosodiadau imperialaidd o du Lloegr, fe aeth beirdd a chyfarwyddiaid ati yn arbennig ger y ffin i greu delwedd o Oes Aur pryd yr oedd dewrder yn norm a Chymru'n llewyrchus. Rhwng dyweder 850 a 1150 ceisiwyd mewn gwahanol ffyrdd – drwy sagâu a thrioedd, drwy restri mân fel 'Pedwar Marchog ar Hugain Llys Arthur' neu 'Y Tri Tlws ar Ddeg', drwy fucheddau a chwedlau, – lunio hanes dychmygol am gyfnod dyweder rhwng 383 ac 800. Cofnodid campau seintiau a thywysogion, Dewi ac Arthur, Cadog ac Owain ab Urien. Datblygodd Deunydd y rhamantau hyn wrth i'r cyfarwyddiaid eu trosglwyddo o do i do. Y cyfnod 850-1150 oedd cyfnod cyfansoddi'r Tair Rhamant hyn.

Yr hyn a wnaeth yr 'awdur', fe ymddengys, oedd cydio ym myth Sofraniaeth, y myth (diwinyddol) a ddathlai amddiffyn a chynnal tiriogaeth, y myth a gysylltai'r arglwydd â'i dir, gan ei briodi megis, neu'i gymhwyso. Fe'i troes yn 'Ystoria' (legend) drwy dadogi'r DEUNYDD mytholegol ar ffigurau hanesyddol, megis y digwyddodd gydag Ystoria Taliesin. Yn y dyddiau hynny dethlid

campau'r seintiau a'r arwyr drwy'r dychymyg myth-
olegol. Ceid genesis i'r rhamantau mewn myth a oedd yn
arbenigoli'r DEUNYDD drwy ganolbwyntio ar amser a
lle yn ddiriaethol.

A gwnaed hyn drwy gadw llawer o'r gweithredoedd a'r
cymeriadau a gafwyd eisoes yn draddodiadol ym myth
Sofraniaeth. Hynny yw, yr oedd Sofraniaeth ar waith gan
gyfyngu'r DEUNYDD drwy'i gyfundrefnu a'i gorffori yn y
pen draw mewn modd ffug hanesyddol. Dyna a wnaeth
'awdur' ystorïol y Tair Rhamant (Berddig dyweder). Wrth
gymhwyso myth cyffredinol at achos arbennig, ac wrth
newid yr enwau priod mytholegol i fod yn rhai realaidd,
dyma'r llenyddwaith yn dechrau tynnu beirniadaeth
lenyddol yn nes at yr ymwybod hanesyddol.

Yn fras, fe ellir cytuno efallai fod prif thema'r Tair
Rhamant yn ymhél am gyfnod â rhywbeth tebyg i
Sofraniaeth. Ond tybed a ellid mynd un cam ymhellach
ac ystyried a oedd perthynas rhwng hyn â'r tair haenen
gymdeithasol a grybwyllir gan Dumézil. Dadleuwyd
wrth drafod Pwyll (gan Catherine McKenna B.29,45) fod
yna gysylltiad rhwng myth Sofraniaeth a'r hyn a
ddisgrifir gan Dumézil fel y teirhan gymdeithasol: 'The
conventions of bardic poetry had clearly accustomed the
Welsh princes to thinking of themselves as reflections of
legendary heroes. Thus, a prince for whom the text of the
*Mabinogi* was composed would have been predisposed to
see himself mirrored in the story of Pwyll, the legendary
lord of Dyfed. In this mode of lordship he would have
seen heroism, justice, and promotion of the land's fertility
and prosperity three qualities associated throughout
Celtic tradition with effective sovereignty.'

Y tair haenen hyn, yr offeiriadol (barnwrol,
derwyddol), y milwrol, a'r amaethyddol, dyna o bosib y
gweddau a gyfunid i gyd-wneud neu i gynrychioli
sofraniaeth: yr wyf yn barod i dderbyn y rheini yn fath o
fframwaith a gydnabyddid gan y Celtiaid i reolaeth
gwlad.

A ellir cysylltu'r haenen uchaf, sef awdurdod trefn,
moesau, deddfau a gwybod, â *Pheredur*? A ellir cysylltu'r

haenen ganol, sef amddiffyn drwy arfau, nerth tywysog-
aidd ac ymladd ag *Owain*? Ac a oes yna drydedd haenen
o gwbl, sef yr un sy'n canoli ar ffrwythlondeb a chyfoeth,
yn gysylltiedig â *Geraint*?

Dyma un cyfuniad a awgrymwyd. Nid wyf eto'n ddigon
argyhoeddedig o gwbl fod olion y tair gwedd wahân
hynny (sydd i mi yn ddigon pendant yn draddodiadol
gymdeithasol ar waith yn y byd Celtaidd) yn cael eu
hadlewyrchu yn y rhaniad rhwng y Tair Rhamant.
Ymddengys y gall fod gwyriad o fath i'r cyfeiriad hwnnw,
mae'n wir. Ond at ei gilydd, mae'r ddwy haenen uchaf yn
gwau drwyddynt draw, drwy'r Tair Rhamant i gyd fel ei
gilydd, a cheir cyffyrddiadau eto o'r drydedd yn y tair, er
yn llai pendant efallai.

Cysylltir yr haenen ganol â swyddogaeth ryfelgar yn
*Owain*. Ni ellir cynhyrchu ffrwythlondeb nes bod y
fframwaith amddiffynnol yn ddiogel. Dibynna effeithiol-
rwydd llywodraethu milwrol, serch hynny, ar dderbyn –
gan yr haenen uwchben – y cyfarwyddyd doeth sy'n rhoi
*raison d'être*. Yn y fan hon, o dan ddeddf, y mae'r
uchelwriaeth filwrol yn cael ei lle. Cysylltir yr haenen
waelodol fel arfer â bridio gwartheg, ffermwyr, a gwŷr
rhydd. Dichon y dylid cynnwys, gyda'r pwyslais yn y fan
hon ar lewyrch gwlad, y swyddogaeth amlwg a oedd gan
y fenyw hithau yn ôl ei ffrwythlondeb hanfodol.

Nid yw myfyrio ar natur deunydd llenyddol yn
amherthnasol i feirniadaeth lenyddol, hyd yn oed os ŷm
yn cael ein hatynnu i ddamcaniaethu am ddatblygiad
hanesyddol.

Ceir dau eithafbwynt wrth i feirniaid ac ysgolheigion
ymdrin â pherthynas hanes a llên: ar y naill ben, sef y
pen Cymreig, gorwneir arwyddocâd ffeithiau hanesyddol
ar draul ymateb llenyddol; ac ar y pen arall, y pen
adeileddol, ceir rhai sy'n esgeuluso'r cyd-destun hanes-
yddol sy'n gymorth i werthfawrogi ystyr a chyd-destun a
chefndir. Gwelir, po fwyaf y byddir yn nesáu at Fynegiant
(yr arbennig), mwyaf yr enilla myfyrdod hanesyddol ei le
mewn beirniadaeth.

Gellid dadlau felly fod y fframwaith o sofraniaeth a'r

ymgais i fawrygu arwyr hanesyddol drwy'u cysylltu â gweithredoedd rhyfeddol yn ymgysylltu'n anymwybodol â'r ymgais ar y gororau, fel y gwelsom, i bropagandeiddio ac i fawrygu gorffennol ysbrydoledig. Ond i ba raddau y gellid dadansoddi'r Sofraniaeth honno yn y dull triol swyddogaethol? Ystyrier y tair haenen hyn a grybwyllwyd uchod yn eu tro, ac ymholi a ellir canfod tystiolaeth o'u cymeriad gwahaniaethol bob un:

(i) *Yr haenen offeiriadol*

Dyma'r pwyslais goruwchnaturiol:

(a) *Peredur*: ar y diwedd y llech, y llwyn, y marchog a gysylltir â duw'r storm (elfennau a geir yn *Owain* hefyd sef O);

(b) Y frwydr â'r Marchog Du (Y Du Trahawg, Peredur, sef P, y Du Traws O): ennill y forwyn neu'r dduwies drwy drechu duw'r Byd Arall. *Peredur* Y Du Trahawg, Y Melinydd, Gŵr Du'r Llech – duw sy'n gwrthwynebu'r arwr ac yn ei brofi;

(c) Y fodrwy (PO);

(ch) Yr heusor goruwchnaturiol sy'n cyfarwyddo'r ffordd i ymladd (PO);

(d) Brwydr â sarff (PO);

(dd) Ennill y sofraniaeth ar ffurf gwraig yw hefyd ennill trefn symbol; trawsffurfio gwrach yn forwyn hardd (yn arbennig, fel yn *Geraint* sef G, yn ddwy wedd ar sofraniaeth, y forwyn arw a'r forwyn hardd). Priodas: rhwng brenin a'i deyrnas.

(e) Glenys Goetinck (LlC VI, 160): 'Symbol yw'r gorflwch a gysylltir â'r Sofraniaeth yn yr un modd ag y cysylltir y pen ym *Mheredur* â'r morynion sy'n cynrychioli'r Sofraniaeth.' Symbol y pen – llywodraeth. LlC VIII, 172 (Goetinck): 'Symboleiddia'r llond gorflwch o win briodas â sofraniaeth a gellid defnyddio lladrata'r gorflwch yn lle dwyn y frenhines a oedd, hithau, yn symboleiddio'r deyrnas;

(f) Hela anifail lledrithiol sy'n bersonoliad o Sofraniaeth

ac yn arwain at gyfarfod o'r arwr â'r stad o Sofran-
iaeth. (G).

(ff) Tybed a ellir cynnwys y pwyslais ar ddysgu
(gwybodaeth) a geir yn P ac i raddau yn G (e.e. pan fydd
tad y forwyn yn cynorthwyo'r arwr)?

(ii) *Yr haenen ryfelgar*
Diau fod yr amryfal frwydrau yn y Tair Rhamant yn
mynegi'r agwedd hon ar bethau'n glir iawn. O'r braidd
fod angen rhestru enghreifftiau.

(iii) *Yr haenen gyfoethogol a meithrinol*
O. Duw'r storm, diffeithio (h.y., cyferbyniad syth-
welediadol â diwylliant);
O. Owain yn arglwydd yr anifeiliaid; marchog y llew.
G. Cylchu'r cyfoeth 122, 'am fod ei feddwl yntau ar
oresgyn ei gyfoeth ei hun ac i gadw ei derfynau.'
    Byw'n foethus.
G. Trafodir y duw neu'r wlad ar ffurf carw.

Dyna beth o'r dystiolaeth a rhai o'r arweddau y gellir
eu cysylltu â Sofraniaeth.

Wrth geisio ystyried Deunydd y rhamantau, y peth
cyntaf y bydd beirniad cyfansawdd yn ei wneud yw
arolygu'r *prif* beth unol a'u hysgogai. Beth oedd y
Deunydd cyffredinol cychwynnol? Wedyn, ceisiwn fyfyrio
o'r newydd mewn Mynegiant am y manylion ac am y
pynciau arbennig a oedd yn corffori'r Deunydd hwnnw.
Roedd y prif bwnc mor sylfaenol a chyffredinol nes y
gallai ddod yn isymwybodol a chael ei gymryd yn
'ganiataol'. Ond wedyn, wrth adrodd y stori yn benodol
câi'r Deunydd canolog hwnnw wisgoedd amryliw.

A oes unrhyw bwnc neu fyth arall, serch hynny, –
heblaw Sofraniaeth – mor elfennaidd, mor ddwfn yn y
*psyche* hiliol fel petai, ac yn ymwneud â mater mor
gyffredin ac mor ddieithriad yn y natur ddynol fel y gellid
cyfrif hwnnw hefyd fel ffactor presennol mawr yn y
Deunydd? Ystyrier 'Mebyd', profiad sy'n gyffredin yng
ngwaelod hanes pob oedolyn, cyfnod sy'n ffurfiannol i
bobun yn ddiwahân. Yn y teipiau o storïau Gwyddelig

neu'r motiffau sydd i'w cael ac a ddosberthir yn draddodiadol, ceir dosbarth y Macgnímartha, sef y storïau hynny sy'n ymwneud â Mebyd yr arwr, a'i 'Gynnydd' yn ôl term Peredur ei hun (t. 63). Trafodir addysg a pharatoad y cymeriad canolog ar gyfer aeddfedrwydd. Ceir elfen o fwrw prentisiaeth o'r math hwnnw ym mhob un o'r rhamantau; ond y mae'n arbennig o amlwg yn *Peredur* (48) 'A chyda mi y byddi y wers hon yn dysgu moes ac arfer y gwledydd a'u mynudrwydd, cyfartalrwydd ac addfwynder ac unben-rwydd.' (Fe geir *enfances* tebyg hefyd wrth gwrs yn *Culhwch*, ac yn 'Nhair Cainc y Mabinogi', sef Mabinogi Gwri – *Pwyll*; Mabinogi Gwern – *Branwen* a *Manawydan*; a Mabinogi Lleu – *Math*. Priodol sylwi mai 'mebyd-chwedl' oedd ystyr Mabinogi). Dichon fod i ddelwedd o'r profiad hwnnw swyddogaeth yn lluniad y Deunydd; a heblaw yn amlygrwydd y peth yn *Peredur* fod cyrch Cynon yn cynrychioli'r un bwrw prentisiaeth yn *Owain*, a methiant Geraint yntau yn ei gynnig cyntaf i reoli yn cyfateb i'r un angen. Dyna o leiaf un posibilrwydd mewn Tafod.

Sylwer ar y math o nod a geir ar gyfer addysg Peredur, pa fath o ddelfryd y ceisir ei gyflwyno iddo ef, megis i Geraint ac i Owain. Yn ystod cyfnod Normanaidd 1100-1200, cafwyd yn ôl pob tebyg – heblaw mabwysiadu arwyr yr oes aur, fel y'i ceid ers tro gan lysoedd a chyfarwyddiaid Cymru – ymgais gynyddol i ddisodli'r hen ddelfryd arwrol gan ddelfryd sifalrïaidd. Dyma, yn y rhamantau hefyd, symud y pwyslais mewn Deunydd oddi wrth Sofraniaeth benodol a chanolog tuag at y gwrthdrawiad hwn ynghylch delfrydau gwareiddiol; ac yn achos y Tair Rhamant, dichon mai rhywun tebyg i Feilyr (m. 1174) a oedd yn gyfrifol am y cymhwysiad cyfoesol hwn. Gwelir y gwrthdrawiad rhwng y delfrydau hyn ym mherthynas Geraint a'i dad. Awgrymodd un o'm myfyrwyr ymchwil Catherine Piquemal, yn ôl dadansoddiad diweddar ganddi hi o *Owain*, fod Owain ei hun yn dechrau yn y stori drwy fyw yn ôl gwerthoedd arwrol yn ôl ei awydd i'w fodloni'i hun, a'i fod yn cael ei

drawsffurfio i dderbyn gwerthoedd sifalrïaidd gan helpu
a chan achub pobl eraill. Dyna ffrwyth ei addysgu neu'i
brentisiaeth. Crynhoi'r cymhelliad olaf hwnnw yw
pwrpas yr atodiad am y Du Traws: (O 36) 'Ac ysbeiliwr
fûm i yma ac ysbeildy fu fy nhŷ; a dyro im fy enaid a mi
a af yn ysbytywr, ac mi a gynhaliaf y tŷ hwn yn ysbyty i
wan ac i gadarn tra fwyf fyw rhag dy enaid di.' Dyna
swyddogaeth adeileddol i'r Atodiad meddai Catherine
Piquemal, felly: atodiad ydoedd o ran ffurf, amlygiad o'r
drefn lwyddiannus o ran cymhelliad y deunydd. Credaf ei
bod yn llygad ei lle. Yn y datblygiad pwysig hwn rhwng y
cyfnod Brutaidd, pryd yr oedd sofraniaeth arwrol yn brif
gymhelliad i'r stori, a'r cyfnod Normanaidd, cafwyd mwy
na newid arddull. Yn rhyddiaith ein chwedloniaeth y
mae'r cymhwyso i arddull fwy rhamantaidd yn cyfateb i
gymhwyso thematig. Cafwyd hefyd newid cymhelliad
felly, ac yn gyfredol newid adeileddol, drwy ddyrchafu
delfryd sifalri, a hynny o fewn cynnydd y prif gymeriad
gwrywaidd ym mhob un o'r Tair Rhamant.

Dyna i ni ddau fyth, felly, dwy thema gyffredinol a
chynhwynol lydan y gellid eu dynodi fel Deunydd
sylfaenol y tu ôl i'r Rhamantau, sef Sofraniaeth yn
gyntaf, a'r gwrthdrawiad o fewn Mebyd-chwedl yn ail
rhwng y Delfryd Arwrol a'r Delfryd Sifalrïaidd, neu
rhwng yr hen a'r newydd (neu o bosib, y cyferbyniad a
ddadansoddodd Lévi-Strauss rhwng Natur a Diwylliant,
yr Amrwd a'r Coginiedig – sef sylfaen rhai rhagdybiau
sylfaenol sydd gan ddyn, i'w traethu mewn Mytholeg) a
hynny'n adlewyrchu Cynnydd (neu Addysg) y prif
gymeriad ifanc.

A ellir dod o hyd i unrhyw ddelwedd arall eto byth
sydd yr un mor elfennaidd â'r ddwy a grybwyllwyd yn
awr, sydd yr un mor gyffredinol ei hapêl, mor
isymwybodol afaelgar a hefyd mor dreiddgar ei dylanwad
nes effeithio o'r herwydd ar gynllun y cyfanwaith ym
mhob un o'r rhamantau hyn? Rwy'n credu, er mwyn ateb
hynyna'n deg y gellid troi at ddamcaniaeth Jung
ynghylch cynddelwau hiliol yr anwybod. A gellid o leiaf
dderbyn fod yna'r fath beth â chynddelwau cymeriadol. A

ydynt yn llwythol etifeddol, dyna gwestiwn perthnasol arall. Yn ôl Jung, yn yr isymwybod ceir ymdeimlad o fathau o bobl, rhyw argraff ddelweddol gyffredinol i bawb, ac nid syniad neu ymdeimlad achlysurol gan unigolyn yn unig. Y mae'r rhain mor ddyfal gyson dros y cenedlaethau ac mor anochel nes dod yn etifeddiaeth syniadol isymwybodol yn ein hatgof am bobl: delweddau sy'n cyfateb yn y cof a'r syniadaeth mor ddwfn ag y bydd greddfau yn y teimladau. Dônt yn dreftadaeth syniadol ym marn Jung: yr *anima*, sef y syniad am y ferch ifanc ddeniadol (Enid efallai, Angharad, Luned), sy'n meddu ar ddwy agwedd, y wedd olau a'r wedd dywyll, sy'n cyfateb i'r ansoddau gwahanol ar y wraig, ar y naill ochr yn bur ac yn ddaionus, sef yn dduwies aruchel, ac ar y wedd arall yn butain, yn wrach; wedyn ceir y Fam Fawr (Iarlles y Ffynnon ac Enid – eto efallai) sy'n ddiderfyn ei gallu i garu a deall, i helpu ac i amddiffyn ac i ymdreulio, megis Rhiannon a Modron, yng ngwasanaeth pobl eraill; wedyn *animus* yr arwr ifanc dewr a golygus (Geraint, Owain), Bedwyr, Madog ac Osian yng ngherddi T. Gwynn Jones; wedyn yr hen ŵr doeth (gw. *Llên Cymru a Chrefydd* 132), y brenin-arwr Arthur, y gwaredwr o bosibl, cynddelw'r arweinydd sy'n meddu'n aml ar alluoedd swynol i iacháu megis Math, Gwydion, Llwyd fab Cilcoed, Gwyn ap Nudd, ac ar lun Erbin y tad doeth hefyd ac yng ngwaith T. Gwynn Jones Anatiomaros, Myrddin, Arthur, y gŵr mawreddog yng 'Ngwlad y Bryniau' a'r Mynach ym 'Madog'; yna, yr Arwr-Blentyn (Peredur), Taliesin yn Chwedl Taliesin, sy'n cyflawni pob math o orchestion er mawr syndod i fyd oedolion. Ni ellir llai na synied fod y rhain oll yn waddol yng nghynhysgaeth storïwr y Tair Rhamant. Y rhain a lechai y tu ôl i'r gymeriadaeth.

Gwelir fod y gyfundrefn driol a geid mewn Sofraniaeth, a'r gyfundrefn ddeuol gyferbyniol a geid rhwng yr Hen a'r Newydd, sef Arwrol/Sifalrïaidd, yn cael estyniad deuol pellach yn y cyferbyniadau a awgrymir gan Jung (gan gynnwys Hen a Newydd drachefn, yn ogystal â Gwryw/Benyw, Da/Drwg).

Dyna lefel y mythau llydain yn y Rhamantau.

A'r tair gwedd hyn a amlinellwyd yma, fe ymddengys i mi, oedd y prif welediadau o'r haenen fytholegol a effeithiai ar adeiladwaith cyfannol Deunydd, a hynny yn y Tair Rhamant fel ei gilydd ac ar eu hyd. Diau fod a wnelo'r Deunydd mewn Mynegiant â mwy na hyn o lawer. Ceid manylion o bob math sy'n llenwi'r delweddau mewn cymeriadaeth, digwyddiadaeth ac amgylchfyd. Ond cawn gyfle i archwilio rhai o'r rheini wrth drafod Mynegiant.

Cyn troi'n benodol at Fynegiant serch hynny, ac wedi sylweddoli'r hyn a oedd ar waith yn gyffredinol foel a hanfodol mewn un o gamre Tafod, symudwn oddi wrth safbwynt DEUNYDD ar hyd yr echel o fewn Tafod tuag at y FFURF a geid o ymateb i'r DEUNYDD rhamantaidd hwn. Yr ŷm eisoes wedi bwrw golwg yn fras ar ystyriaethau DEUNYDD. FFURF yw'r ail gyflwr mawr. Cyn ei chyrraedd, gadewch inni bwyso am funud ar yr echel yna rhyngddynt, y cyswllt angenrheidiol, y CYMHELLIAD (neu'r proses) sy'n mynnu i'r DEUNYDD (a dynn sylw ysgogol y llenor) ymrithio tuag at FFURF. Y CYMHELLIAD hwnnw sy'n rhoi'r llenydda ar waith.

(B.4)

## CYMHELLIAD TAFOD

Hyd yn hyn yr wyf wedi ceisio ymdroi o gwmpas *pwnc* cychwynnol y Tair Rhamant. Sef beth oedd yng nghanol yr hyn a ddywedid? Beth oedd cynnwys canolog y storïau hyn? Cawn gyfle ymhellach ymlaen wrth drafod Mynegiant, i ystyried beth oedd y deunydd mwy achlysurol a phenodol a ymgnawdolodd o dan yr ysgogiad hwnnw yn y rhamantau unigol. Patrwm anymwybodol yn y meddwl cyffredin yw myth, fel arfer un syniadol; weithiau, er nad bob amser, yn ddelweddol.

Daeth yn bryd inni awgrymu bellach pam y lluniwyd y rhain yn llenyddweithiau. Beth oedd yn hanfod y storïau a'u cynhaliai hyd y diwedd o ran *raison d'être*? Beth a gydiai'r Deunydd mewn Ffurf? Y Cymhelliad, bid siŵr.

Mae'r Cymhelliad (mewn Tafod) bob amser yn codi allan o'r Deunydd, ac yn ymwneud ag Amcan, Gwerth, a'r Awydd i dderbyn trefn.

Hoffwn awgrymu mai ymgais ydoedd yn wreiddiol yng Ngwent yn yr achos hwn i gyfleu delfryd o wareiddiad, i fawrygu arwyr o'r Oes Aur, i gyflwyno cwlwm o werthoedd, i hyrwyddo rhai rhinweddau. Hynny yw, roedd gan yr awdur gymhellion cadarnhaol canolog-foesol. Ni pherthynai iddo ef ffug nod nihiliaeth – sef gwadu gwerth, a pheidio â mynd i unman. Gweithiai o fewn fframwaith o fawl. Perthynai i gymdeithas a dreiddid gan werthoedd Cristnogol, eithr hefyd gan werthoedd 'seciwlar' traddodiadol a ymwnâi â safonau moes ac ymarweddiad gwareiddiedig aruchel. Yr oedd am ddathlu sylfeini'r gymdeithas y perthynai iddi, a hynny mewn dychymyg – o bosib oherwydd awydd i'w hysbrydoli a chadarnhau'i hunanhyder mewn cyfnod peryglus.

Y gweithredu arwrol fu'r delfryd hwnnw o bosib ar y dechrau (gyda rhywun fel Berddig yn gyfarwydd, dyweder); ac wedyn sifalri oedd y delfryd ymhellach ymlaen (gyda Meilyr yn gyfarwydd dyweder).

Yr un pryd, bid siŵr, y mae'r cyfarwydd bob amser yn ceisio diddanu. A chawn sylwi ar hynny maes o law wrth drafod Cymhelliad Mynegiant. Ei fod yn ceisio difyrrwch mewn ffordd *neilltuol*, serch hynny, gyda gweledigaeth o fewn y difyrrwch hwnnw, gyda chyfeiriad neilltuol, dyna sy'n fy niddori yma. Nid difyrru y mae yn ynysig felly, beth bynnag 'fo'r gost a'r testun fel petai, a sut bynnag y mae'n dewis ei ddeunydd, nid dyna sydd yma. Mae ef yn byw ac yn meddwl o fewn cyfundrefn o werthoedd. A'r gwerthoedd hynny sy'n cael eu corffori. Mawrygu'r gwerthoedd hynny mewn math o fawl treuliadwy, dyna'i nod – anymwybodol, o bosib, ac o fewn cyfyngiad.

Gellid amgyffred peth o ansawdd y Tair Rhamant a'r weledigaeth hon o hyrwyddo trefn anrhydeddus a gwâr, uchelgais arwrol, a syberwyd perthynas, wrth ystyried eu perthynas â'r cyfreithiau. Ni chyflwynir yn y rheini mo'r gwerthoedd hyn drwy ganmoliaeth ramantaidd na chydag awen aruchel deimladol. Nid goddrychol ydynt. Ac felly yma. Drwy ddigwyddiadau a disgrifio gwrthrychol y cyflwynir trefn y gellir ei holrhain yn ddiriaethol. Yn hanes personol Peredur a Geraint, ceir pwyntiau twf, gorsafoedd fel petai ar ffordd aeddfedu. A'r un modd yn y berthynas rhyngddynt a'u gwragedd, dynodir cysylltiadau eglur a 'mesuradwy'.

Yn awr, Cymhelliad (Pwrpas, gwerth, awydd am ddeall y byd drwy'i drefn), dyna yw'r hyn sy'n gyrru Deunydd i geisio Ffurf ieithyddol lenyddol bob amser. Dyna'r trothwy, yr egni esgorol, gwreiddyn gweithred y genesis. Ar hyd yr echel hon y mae'r tyndra'n ymgyfyngu tuag at y deunydd arbennig gan droi yn y man mewn mynegiant tua thyndra arall sy'n ehangu tuag at ffurf arbennig.

Weithiau, fe ddadleuir, a dadleuir yn deg, fod Adeileddeg fel ysgol feirniadol yn dod â phwyslais braidd yn annynol i fyd llenyddiaeth. Mae'r holl sôn am 'drefn' yn ymddangos yn beirianllyd. Ond gwedd werthfawr ar ein dynoliaeth, gwedd a esgeulusir ar ein perygl, yw trefn. Mae'r ysfa i ddarganfod trefn, drwy drugaredd, yn bresennol yn y baban. Oherwydd yr awydd anorthrech am ddod o hyd i drefn feddyliol, ac am 'ddarostwng' y greadigaeth gan y deall, y llwydda'r baban i amgyffred gwahaniaethau a thebygrwydd ynghanol y gymysgfa o argraffiadau sy'n ymosod ar ei synhwyrau wedi'i enedigaeth. Heb ddod o hyd i'r drefn benodol honno drwy gymorth iaith, byddai bywyd dynol yn ei holl gyfoeth yn amhosibl iddo. Ni thâl inni adael i ramantiaeth ddifrïo ansawdd hollol ddynol trefn.

Ond y mae Beirniadaeth Gyfansawdd yn cynnwys mwy o lawer na Thafod, wrth gwrs, mwy hefyd na threfn. Fel y caniateir gan iaith i Dafod, sy'n drefnus, ac yn gyffredin i'r lliaws oll, esgor (o reidrwydd) ar amrywiaeth creadigol Mynegiant, gyda'i unigolyddiaeth ddiderfyn, felly hefyd gyda Thafod y Llenor. Ond y mae hynny oll yn cael ei gyflawni o fewn yr ysfa gyfredol i ddarganfod ac i greu meistrolaeth Ffurf. Yn y Cymhelliad deinamig sy'n gyrru llenyddiaeth, ac yn cysylltu Tafod â Mynegiant ar y naill law, a Deunydd â Ffurf ar y llall, erys y

Cymhelliad i arddel Pwrpas, Gwerth, a'r Awydd i ddeall y byd drwy'i drefn. Dyma'r cyferbyniad canolog sy'n gwahaniaethu rhwng Beirniadaeth Gyfansawdd ar y naill law a damcaniaethau nihilaidd a relatifaidd Ol-Foderniaeth ar y llall.

Yn hynny o beth y mae Beirniadaeth Gyfansawdd yn lletach hefyd o lawer iawn nag Adeileddeg *per se*. Yn *Ysgrifau Beirniadol* XXI dyfynnodd yr Athro J. E. Caerwyn Williams Richard Kearney: 'In contrast with existentialism structuralism was deeply anti-humanist . . . the structuralists declared that man is what he is made by structures beyond his conscious will or individual control'. Cytunwn mewn ffordd. Dywed y gwir am galon Adeileddeg, yn ddiau. Er nad dyneiddiwr mohonof (onid rhyw fath o ddyneiddiwr Cristnogol), ni wadwn nad yw dyn wedi'i greu gan allu y tu hwnt i'w ewyllys ymwybodol ac o fewn cyd-destun cyfreithiol. I mi, sut bynnag, testun llawenydd yw hynny. Pleidiwn ryddid: pleidiwn hefyd drefn. Y gwrthryfel yn erbyn hynny yw'n distryw, i'm bryd i. Sylwer ar ddiwedd y mileniwm hwn fel y mae 'rhyddid' rhamantaidd, er enghraifft, wedi arwain at gamerâu mewn siopau ac yn y strydoedd, ac at weiren bigog a chloeon ar byrth o gwmpas ysgolion ynghyd â thocynnau adnabod i'r plant. Ni raid nodi canlyniadau trist 'rhyddid' rhywiol yn benodol. Dyna 'ryddid' fel delfryd na pharchodd drefn.

Ond yn wahanol i adeileddwyr, fe roddwn i gymaint o bwyslais ar Ddeunydd ac ar Gymhelliad ag ar Ffurf. Mewn gwirionedd, mae cyfrif y tri yn gydlyniad mewn Beirniadaeth Gyfansawdd yn wedd ar y Ffurf.

Wrth ystyried Cymhelliad y rhamant fel hyn, mentrwn fynd un cam ymhellach yn awr na'r Cymhelliad syml i gyflwyno delwedd gadarnhaol, gan awgrymu fod yna fwriadau didachtig ar waith. Fel y byddai'r beirdd yn anuniongyrchol wrth foli tywysog ac uchelwr yn llunio delfryd i'w fabwysiadu neu i anelu ato, felly 'dybiaf i yr oedd y cyfarwyddiaid gyda'u cynulleidfa lys. Wrth gyflwyno cymeriad gwylaidd Enid, ni ellid llai na thybied fod y llys yn ystyried mai dyma'r nod hanfodol i'r uchelwraig ei chwenychu. Felly gyda'r arwyr eraill hefyd. Hynny yw, ffitiai'r chwedl honno o fewn defodau Mawl, ac o fewn tuedd Mawl i hyrwyddo gwerthoedd.

Ni ellir 'profi' cymhellion o'r fath yn y dull arferol wrth drafod y storïau hyn. Ond cymerer chwedl *Owain* yn arbennig. Fe gafodd Owain yn y rhamant honno ei ddyrchafu o hyd gan feirdd y canrifoedd wedyn fel canolbwynt dyfalu i'r uchelwr. Ac felly Luned hithau. Cymerer Wiliam Llŷn fel enghraifft (a defnyddiaf draethawd Roy Stephens):

  66.59  Marged, ail Luned lanwawr
140.93  Margred, ail Luned, lanaf
143.77  Meistres Marged, Luned lân

Defnyddia Wiliam Llŷn, wrth foli uchelwyr, y llysenwau Iarll y Cawg, Iarll y Ffynnon, ac Iarll yr Og ar gyfer Owain ei hun:

49.37  Eurllaw Coel, ail Iarll y Cawg
93.23  Marw'r llew coeth, marw Iarll y Cawg
 7.92  A llaw a phennod Iarll y Ffynnon
 3.73  Gorau'r llew o rym, gâr Iarll yr Og.

Yr hyn a awgrymir wrth i'r bardd ddefnyddio ymadroddion disgrifiadol o'r fath yw nad enw Owain ab Urien, a'i berson hanesyddol yn unig, yw'r delfryd: nid dyna wrthrych cymariaethol y clod, eithr cynnwys y stori'i hun. Felly, pan ganodd ei fawl i Owain Glyndŵr, dyma Gruffudd Llwyd yn ei roi ef yn fframwaith y rhamant: (IGE2 XLI).

> Hwyliaist siwrneiaist helynt
> Owain ab Urien gain gynt,
> Pan oedd fuan ymwanwr
> Y marchog duog o'r dŵr;
> Gŵr fu ef wrth ymguraw
> Â phen draig y ffynnon draw;
> Gwŷr a fuant, llwyddiant llu,
> Gwrdd ddewrnerth gwewyr ddyrnu.
> Tithau Owain, taith ewybr,
> Taer y gwnaut drafn â llafn llwybr.
> Brawd unweithred y'th edir,
> Barwn hoff, mab Urien hir,

Pan gyhyrddawdd, ryglawdd rôn,
Â phen marchog y ffynnon.

Sylwer: 'Brawd unweithred.' Dyma'r patrwm. Gwyddai'r beirdd fod y rhamantau, ac yn anad yr un *Owain* ac o fewn *Owain* y ddelwedd ryfedd o'r marchog rhwng y porth a'r og mewn cyfyngder, eu bod yn cynnig darlun o fywyd uchelwrol syniadol. Llosgwyd y digwyddiad hwn, yn arbennig, ar feddwl y beirdd a'u cynulleidfa nes ei ddefnyddio dro ar ôl tro. Dyma Dudur Aled (GTA CXXIV):

Mae dyn dig amdanad, Wen,
Mwy i berigl no mab Urien;
Gŵr march, rhwng yr og a'r mur,
A fu'n nal, yw fy nolur;
Yr wyf rhwng y porth a'r og,
Wen ferch, fal Owain Farchog!

(sy'n adlais o bosib o Waith Gutun Owain, VII).
Ac eto gan Dudur (XIII):

Syr Rhys, feirch Sain Siors farchawg,
Syr Owain, cais o'r un Cawg;
Pa ŵr aeth rhwng porth a'r og,
Pand dy dad, pwynt odidog?. . .
Tair brân a gaut ar bren gwin,
O'r tu bron i art brenin;
Y môr, o bu mawr heb wedd,
A Noe gynt yn i gyntedd,
Y frân wyt ti o fraint hen
Aeth i dir, a thid Urien . . .
Owain oedd, ni a wyddym
A chawg a llech a gwayw llym;
Ych henw, modd yr ych hynaf,
Iarll y Cawg arall y caf;
Iarll yr Iâ a'r Llew a'r Og,
Iarll Rheged, aur llurugog.

(Gyda llaw, y mae'r enw hynod 'Iarll y Cawg' yn digwydd yn y fersiwn o'r chwedl a geir yn llsgr. Llanstephan 58; cf. GLM Eurys Rolant; YB III, 36. Dyma bwyslais Tudur Aled yntau: VII, LXI, XCVIII, pwynt sy'n codi'r cwestiwn pa fersiwn ar y rhamant a ddefnyddiai'r beirdd. Tebyg nad y Llyfr Gwyn na'r Coch.)

Nid oes gofod yma yn awr i danlinellu'n enghreifftiol y dylanwad grymus a gafodd y digwyddiad arbennig hwn ar feddwl y beirdd.

Fe'i ceir hyd at y canu rhydd cynnar: *Casgliad o Hen Ganiadau Serch*, 1902, 41; CRhC 14) Cyfeiria Ieuan Tew at y maen hudol a roes Luned i Owain (Cymmrodor XXXI): felly Lewys Morgannwg yntau (Pen. 76) a Wiliam Egwad (Llyfr Hir Llanharan). Diddorol sylwi fod y beirdd ambell dro yn cyfuno dwy o'r rhamantau fel petaent yn eu hystyried gyda'i gilydd. Dyma Lewys Glyn Cothi yn canu (GLGC 91, 11.25-32):

> Ys gwir, Tomas yw Geraint
> ab Erbin, heb erbyn haint;
> mae'n ei gylch, heb nam neu gŵl,
> freichiau Enid ferch Yniwl.
> A'i wayw, Tomas yw Owain
> ab Urien, brins gerbron brain;
> Maestres Siân, lle yr hanyw,
> Luned ac ail Indeg yw.

(cf. Tudur Aled LXI lle y cyplysir *Peredur* ac *Owain*).

Dichon mai'r cyfeiriad mwyaf trawiadol o bobun at ramant Owain yw eiddo Dafydd ap Gwilym fel y dangosodd Eurys Rolant mewn trafodaeth graff (YB III): 'Enghraifft arall o feiddgarwch barddonol Dafydd ap Gwilym yw'r dull y triniodd yng nghywydd *Y Rhew* ddeunydd chwedl *Iarlles y Ffynnon*. Nid yw'r holl gerdd ond amrywiad newydd, wedi'i lunio gan y bardd, ar y chwedl.'

Rhaid ymatal yn y fan. Nid amlygu dylanwad y Tair Rhamant Arthuraidd yw amcan y sylwadau hyn, eithr arddangos y modd y'u derbyniwyd hwy fel cyfrwng mawl. Gweithiau oeddent a oedd yn arddel ac yn cyflwyno safonau i'r uchelwyr a'u gwragedd. Fe'u canfuwyd hwy yn ddarlun o'r delfryd a gynigid i'r uchelwyr yn gyntaf mewn rhyddiaith, wedyn drwy brydyddiaeth. A dichon, o'r herwydd, nad rhy feiddgar yw tybied fod y cyfarwyddiaid hwythau yn ceisio cyflwyno amgylchfyd, a gweithredoedd ac arwyr fel cwlwm o werthoedd i'w dyrchafu gan eu cynulleidfa. Dyna'u cymhelliad mewn Tafod. Ystyriwn 'ddifyrrwch' a chymhelliad Mynegiant eto.

(B.5)
# FFURF TAFOD

Symudwn ymlaen yn awr i ystyried yr ail dyndra neu'r ail gyflwr mewn Tafod, ond y drydedd elfen yn olyniaeth DEUNYDD, CYMHELLIAD, FFURF. Byddwn yn hyn o gyfeiriad yn rhoi sylw yn bennaf i theori Cynllwyn (Plot) ac i theori Dull (Genre).

Wrth chwilio am DDEUNYDD penodol ac ystyrlon, ni ellid gwneud hynny heb 'yr un pryd' ddod o hyd i FFURF atebol. FFURF sy'n trefnu DEUNYDD, yn rhoi terfynau iddo, ac yn caniatáu iddo fod yn fynegadwy.

Delwedd storïol, yn bendant, oedd pen draw'r ymgais i fynegi myth Sofraniaeth yn yr achosion yr ŷm yn eu trafod yn awr. Ond beth yw 'stori'? Onid FFURF?

Cofiwn, pan oeddem yn trafod DEUNYDD y rhamant-au, ein bod wedi rhoi pwyslais ar fyth Sofraniaeth i ddisgrifio gweithrediad y storïau, er inni sylwi hefyd ar wrthdrawiad arwriaeth a sifalri, ac ar fytholeg gynddelwaidd y cymeriadau. Storïau am Sofraniaeth sy gennym, felly.

Yn awr, mae yna dri chynhwysyn angenrheidiol mewn stori, yr hyn a alwaf i'n dair rhan ymadrodd storïol; ac y mae'r rheini yn cyfateb ym myd FFURF lenyddol i'r tair rhan ymadrodd draethiadol sy'n ffurfio tri phrop y frawddeg seml gyflawn. Wrth geisio dweud popeth am fywyd, bu'n rhaid cael tair rhan, sy'n cwmpasu tri dimensiwn gofod, a dau gyfeiriad i amser. Y Frawddeg oedd yr uned gyflawn i iaith. Y Cyfanwaith llenyddol oedd yr uned gyflawn i lenyddiaeth. Meicrocosm yw'r Frawddeg o Facrocosm y Stori yn hyn o dasg. Mae'r naill a'r llall yn ceisio dweud popeth am fywyd. Felly, ar lun diagram (*Seiliau Beirniadaeth* 425):

| Rhannau Ymadrodd Traethiadol | I<br>Enw | II<br>Berf | III<br>Adferf | Meicrocosm<br>Y Frawddeg<br>(System in<br>Child<br>Language) |
|---|---|---|---|---|
| Rhannau Ymadrodd Storïol | Cymeriad | Digwyddiad | Amgylchfyd | Macrocosm<br>Y Stori<br>(Seiliau<br>Beirniadaeth) |

Cymeriad yw'r 'enw' o fewn y gosodiad storïol am fywyd: digwyddiad yw'r ferf. Y cymeriad yw'r pwynt cynhaliol mewn gofod: y digwyddiad yw'r estyniad dibynnol arno mewn amser. Mae hi braidd yn anochel, os yw cymeriad ar waith – ei fod yn gwneud hynny o fewn rhyw amgylchfyd mewn amser a lle. Y mae'r weithred yn cael ei goleddfu'n 'adferfol'. Dyna'r triawd crwn felly, – Cymeriad, Digwyddiad ac Amgylchfyd (a'r trydydd yn ôl Amser a Lle a Modd) – sydd mewn undod yn darparu'r gyfundrefn storïol. Dyma driawd y cynllwyn.

Rhaid cael cymeriad. Y cymeriad yw'r canolbwynt disgyrchiant i'r stori. Llenyddiaeth aristocrataidd yw hon, ac er mwyn hyrwyddo, cynnal, a diddanu cynulleidfa aristocrataidd, y cyflwynid y ddelwedd honno o fywyd, drwy gymeriadau aristocrataidd yn cyflawni campau aristocrataidd o fewn amgylchfyd aristocrataidd. Fe awgrymodd W. Lindsey Evans yn ei draethawd MA (1956) beth diddorol: 'Gellir dadlau nad yw Geraint ac Owain a Pheredur mor bwysig fel cymeriadau ag ydynt fel cyfryngau i ddangos rhinweddau megis dewrder a thynerwch, oherwydd ni rydd gwead y rhamantau gyfle iddynt ymddwyn ond yn unol â gofynion sifalri.' Hynny yw, gwêl ef gyffelybiaeth i alegori. Gellid dadlau nad yw hyn yn gyfan gwbl deg gan fod y cymeriadau yn y tair rhamant yn bendant wahanol i'w gilydd mewn Mynegiant ac yn fwy datblygedig nag y buasai cymeriadau alegorïaidd pur; ond gesyd ei bwynt gerbron yn groyw, ac yn sicr dywed rywbeth cywir wrthym am natur y rhamantau. Credaf yn wir y gellid estyn y sylw hwn, am ddelfrydaeth yn ENWOL, hyd at y digwyddiadau hwythau sef yr elfen FERFOL, ac ymlaen i'r amgylchfyd, yr elfen ADFERFOL.

Sut olwg sydd ar gymeriad mewn TAFOD cyn cyrraedd MYNEGIANT? Dyna ef yng nghyfundrefn y stori, yn ddelfrydol braf. O'r gorau, mae'n enw. Ond beth arall? Oes ganddo drwyn? Sut wallt sydd ganddo yn y cyflwr cynhenid hwnnw?

Mewn TAFOD, ffaith yw. Mae yno'n brop. Gallwn bwyso arno. Bod yw. Mae'n cyflawni swyddogaeth. Rhaid wrtho mewn stori. Ond, mewn TAFOD a allwn fynd ymhellach? Gwyddom y cawn fanylu yn unigolyddol mewn MYNEGIANT. Ond ffactor yw mewn TAFOD sy'n cyfrannu at gyfundrefn y stori. Y pellaf y gallwn ni fynd, efallai, fyddai cydio ym mhwynt Lindsey Evans: ar lefel gyffredinol, mae'r gymeriadaeth yn cynrychioli uchelwriaeth, mae'n cyflawni delwedd neu ddelfryd o werthoedd cyfun – cwrteisi, dewrder, gwyleidd-dra benywaidd, haelioni ac yn y blaen. Hynny yw, mae'n fyth, a hefyd y mae'n debyg yn Nhafod y Llenor i Eirfa yn Nhafod Iaith. Mae'n gynnwys. Ymhellach ymlaen na hynny, o fewn TAFOD o leiaf, ni chawn fentro ar hyn o bryd. O fewn MYNEGIANT, wrth roi cig am y gymeriadaeth, heb sôn am ddillad fe gawn gyfle o'r newydd i gyfarfod â chymeriadau mewn dull sy'n fwy cyfarwydd i'r llygaid. Pwysleisia'r ffaith hon natur TAFOD a'r math o gyfraniad sydd ganddo, yn ei foelni, yn ei hanfod (dyna'r gair) wrth weithio stori.

Rhaid cael hefyd ddigwyddiad mewn stori: y mae mor hanfodol â chymeriad. Delfrydau neu egwyddorion, i raddau helaeth, yw'r gymeriadaeth. Ond beth am y ddigwyddiadaeth hon sy'n rhoi bywyd iddi o ran natur? Mae honno hefyd yn sylfaenol syml yn achos y *Tair Rhamant*. Ymchwil ydyw. Taith. Dyna'r digwyddiad cynddelwaidd. Ymestynna ar hyd echel amser. Mae yna ymchwil am aeddfedrwydd, am deyrnas, am briod, am garw. Cynddelw o ymchwil ydyw. Drwy frwydrau a rhwystrau y mae'r arwr canolog ar daith, a phob

cymeriad arall yn cyfrannu at y symudiad canolog
hwnnw.

Rhaid cael hefyd amgylchfyd mewn stori, hyd yn oed
os yw hwnnw'n ymddangos fel amgylchfyd sero. Am yr
amgylchfyd (yn yr ystyr arferol) yn y *Tair Rhamant*, mae
hwnnw bron yn absennol. Ond y mae yno; a thrachefn,
elfen elfennaidd ydyw. Mae'n syml, yn ddelfrydus, ac yn
naturiol seiliol. Darpara gyd-destun ysgafn ond ystyrlon
weddus i'r ddigwyddiadaeth gan roi modd hanfodol iddi.

Yn y diwedd, yng nghyflawniad y cyfanwaith oll, sef
ym mhen draw ffurfiol cynllwyn cyflawn, yr hyn a
gyrhaeddir yw nid clytwaith, nid hyd yn oed cyfuniad o
gymeriad, digwydd, ac amgylchfyd, eithr Dull (neu
*genre*). Deuir i derfyn mewn ffurf sy'n gyfanwaith. A
phriodol ystyried hynny fel y terfyn mewn Ffurf i'r
llenyddwaith unigol pryd y gall y llenyddwaith hwnnw
gymryd ei le ochr yn ochr yn y traddodiad â llenydd-
weithiau eraill sydd wedi'u cwblhau. A Dull y 'rhamant'
yw'r hyn a geir yn ffurfiol yna yn achos y tair stori hyn
fel ei gilydd.

Yr hyn yw Myth neu Thema i Ddeunydd, sef yr
egwyddor gyffredinol yn y Cynnwys, dyna yw Dull yn y
Ffurf, sef yr egwyddor gyffredinol. Mae'r gair *genre* yn
cael ei ddefnyddio'n llac iawn am y pwynt yna. Gall
gyfeirio at awdl, at stori dditectif, at ffars, at drasiedi
ddramatig, at delyneg, yn ôl criterion tra amrywiol bob
tro. Cadwaf y defnydd yna i'r gair o hyd ar gyfer
llacrwydd pendramwnwgl a diddisgyblaeth y term
hwnnw. Fel arfer, fe'i defnyddir yn orgyffredinol gan
feirniaid sydd wedi ymgyfyngu'n gyfan gwbl i feddwl ar
lefel Mynegiant yn unig. Ond ochr yn ochr ag ef, mentraf
fabwysiadu termau mwy penodol, geiriau sy'n adna-
byddus, a'u priodoli'n gyfyngedig dechnegol yn ôl
diffiniadau llym: sef y termau, 'dull', 'math', 'modd', 'is-
fath', 'is-fodd'. Fe'u diffiniaf hwy drwy dabl. *Dull* yw'r
term cyffredinol iawn ac ymbarél ar gyfer pob math,
modd, ac mewn Mynegiant is-fath ac is-fodd. Dosberthir
*dull* wedyn yn ôl y dadansoddiad eithaf sydd gan y
meddwl dynol o ymdrin â bodolaeth, sef yn ôl Gofod ac

Amser: ceir mewn Tafod ddau dosbarth o ddulliau - *math* sy'n cynrychioli'r ddelwedd mewn gofod, *modd* mewn amser.

Ceir tri dimensiwn i *fath*, a chafwyd tri *math* a sylfaenwyd ar ddulliau meddwl gwaelodol iawn wrth safbwyntio gofod, sef y person cyntaf (*Telyneg*), yr ail berson (*Drama*), y trydydd person (*Stori*). Dyma'r tri phegwn gwrthrychol sydd ar gael mewn gofod, yn barod i esgor ar dri phosibilrwydd wrth ymateb i wrthrychau neu bersonau, tair golwg ar ddeunydd, tri safle. Ceir cyfuniadau wrth gwrs, ond cyfuniadau ydynt o dri safbwynt delweddol, a dim ond tri, er y byddwn yn cyfrif cyferbyniad 'allbersonol' yn arwyddocaol hefyd.

Heblaw tri dimensiwn gofod, ceir dau gyfeiriad i amser. Gall hwn symud ymlaen. Gall yr hyn sy'n defnyddio'r amser gynyddu, ein cario yn ein blaen, gall fynd rhagddo tuag at adeiladu, ymestyn, ennill. Neu gall amser fod yn drech nag ef, gall edrych tuag yn ôl; gall person gael ei ddifetha gan amser, gilio, wedi'i ddarostwng, a gadael i amser ddiflannu y tu ôl i'w gof. Ar y naill ochr, mae yna elfen seicolegol o fuddugoliaeth neu gynnydd (*Comedi*), ac ar y llall ymdeimlad o golled neu gilio (*Trasiedi*). Mae'r naill yn gadarnhaol, a'r llall yn negyddol.

Cyfeirio y mae'r saith wedd hyn, Math (Telyneg, Drama, Stori) a Modd (Comedi, Trasiedi) at gyfan-weithiau, lle y mae termau technegol eraill ym myd theori llenyddiaeth yn gallu cyfeirio at natur un gair neu un ddyfais mewn llinell neu bâr o linellau, megis 'trosiad', 'odl'.

Mentraf yn awr, drwy ddyfynnu tabl a luniais ar gyfer fy nhrafodaeth lawnach ar ddulliau llenyddol yn *Seiliau Beirniadaeth* 452, grynhoi fy arolwg cyflawn ar y ffurfiau hyn i bwrpas yr astudiaeth bresennol: mae'r rhaniadau Math/Modd (Lle ac Amser), Arwyddedig/Arwydd (Syn-nwyr a Sŵn) oll yn orfodol, yn ddeuol ac yn driol.

| TAFOD | Y DULLIAU LLENYDDOL | | |
|---|---|---|---|
| | *I MATH (Lle)* | | *II MODD (Amser)* |
| yr anymwybodol | | 1 Telyneg<br>2 Drama<br>(ymddiddan,<br>ymryson) | 1 Esgynnol: Mawl/Comedi><br>2 Disgynnol: Dychan/<br>Trasiedi< |
| | Gwireb | 3 Adroddiant<br>Storïol | Trafodaeth | 3 Eironi, cyfunol;<br>(Gwireb yn allamserol) |
| Gorfodol<br>(diddewis) | Y Safleoedd | | Y Cyfeiriadau |
| MYNEGIANT<br><br>yr ymwybodol<br><br>Gwirfoddol<br>(dewisol) | *I ARWYDDEDIG (Synnwyr)*<br>emyn, nofel dditectif, drama firagl,<br>cân serch, marwnad, cywydd brud,<br>cywydd gofyn, rhamant ayb. | | *II ARWYDD (Sŵn)*<br>cywydd, soned, ysgrif,<br>stori fer, englyn, cerdd<br>*vers libre*, awdl ayb.<br>Agwedd ar y dosbarth<br>hwn yw'r rhaniad rhwng<br>rhyddiaith a<br>phrydyddiaeth |
| Gall y rhain ddarfod a rhai newydd gymryd eu lle | CYMYSGU<br>Tuedd ramantaidd, medd rhai, yw cymysgu dulliau, a hynny gan y gwrthryfelwyr 'herfeiddiol', gan y gwrth-haearnwyr diddiffiniad, gan yr arbrofwyr creadigol; ond ceir 'cymysgu' ymhob cyfnod, e.e., rhyddiaith a phrydyddiaeth; stori a drama er yn gynnar felly. Ni ddylid ystyried fod cymysgu'r dulliau yn golygu dileu'r pegynau cychwynnol, fwy nag y dilëir tri pherson y rhagenw neu dri dimensiwn gofod wrth eu cyfuno. Y camgymeriad sylfaenol a wna rhai trafodwyr yw methu ag amgyffred y dosbarthiad hollol wahanol o ran ansawdd mewn Mynegiant. Yn y naill ni all fod cymysgu, yn y llall y mae cymysgu yn norm. Yn y naill nid oes odid ddim datblygu, yn y llall ceir datblygu o hyd. | | |

Ymhle y lleolwn ramant yn hyn o fframwaith felly? Mewn Mynegiant, mae'n amlwg.

O dan Fath: Adroddiant Storïol yw rhamant o ran norm.

O dan Fodd: Comedi yw, h.y., esgynnol.

Stori drydydd-person yw rhamant o fewn cywair Cymraeg Ffrengig am arwr ifanc yn mynd ar daith ymchwilgar, gan wynebu profion – rhai rhyfelgar yn fynych, a chan briodi gwraig, gan orffen mewn llwyddiant. Dyna 'Ramant' yn yr ystyr Gymraeg. Ac yn hynny o beth nid yw'n eithriadol o wahanol i *Culhwch* ar wahân i'r cywair (allanolion, awyrgylch, a delfryd sifalri). Cymysgir â'r adroddiant storïol moel hwn, sef y trydydd person, ddarnau o ymddiddan (drama). Ond hen gymysgiad yw hyn mewn storïaeth. Yr hyn sydd gennym mewn Tafod yng nghyfundrefn Math a Modd yw safleoedd seicolegol y gellir eu cyfuno, ond na ellir eu dileu.

Dowch inni lunio rhai casgliadau cryno ynghylch natur Dulliau llenyddol yn gyffredinol, o safbwynt FFURF:

1. Deuir o hyd i'r dull llenyddol ar waith *mewn Tafod* (e.e. Drama, Stori) ac *mewn Mynegiant* (e.e. Drama Dditectif, Anterliwt, Rhamant). Y rhai olaf yw'r isfathau neu'r isfoddau.

2. Mewn dull gellir dadansoddi'r ddelwedd gyflawn o fywyd mewn dwy wedd, sef yn *y man eithaf o ddadansoddiad cyferbyniol* sy'n bosibl i'r meddwl neu'r isymwybod dynol wrth ymwybod â bodolaeth, sef yn ôl Gofod (tri dimensiwn) neu yn ôl Amser (dau gyfeiriad). Dyma'r cyferbyniad cyflyrol mwyaf eithafol sy'n angenrheidiol i'r meddwl lunio delwedd i ddweud rhywbeth am fywyd. Hyn hefyd sy'n llywodraethu dosbarthiad Dull.

3. Yn ieithyddol corfforir *tri dimensiwn Gofod ym mherson y Rhagenw* (1,2,3): y person cyntaf yw'r un sy'n llefaru yn ymateb i wrthrych yn bresennol mewn gofod (ac amser), yr ail berson yw'r un y siaredir ag ef sydd hefyd yn bresennol, y trydydd person yw'r un y siaredir ag ef sydd fel petai'n absennol mewn gofod ac yn orffennol mewn amser. A'r trydydd yna yw'r un *sylfaenol* i Stori (ac i ramant).

4. Yn llenyddol y gyfundrefn sy'n cyfateb i'r drefn ieithyddol yna yw *Math*: defnyddiwn y tri gair anfoddhaol am y tro Telyneg, Drama, Stori. Gwell fyddai *Math I, Math II, Math III*. Ond dyma'r diffiniad o Fath I: y ddelwedd a grëir wrth i'r person cyntaf *per se* ymateb i wrthrych neu i oddrych fel petai yn ei bresenoldeb (gofod ac amser): ffordd ofodol/amserol o edrych ar destun ydyw yn ei ŵydd. Gellid sôn amdano fel y ffordd delynegol o feddwl. Dyma Fath II wedyn: y ddelwedd sy'n derbyn yr

ail berson i'r ffordd o edrych ar fywyd: newidir y fframwaith ar ôl adeiladwaith Math I. Gellid sôn amdano fel y ffordd ddramatig o feddwl, y naill berson gyferbyn â'r llall. Dyma Fath III: mewn Stori, yn gynhenid, siaredir am berson ac am ddigwyddiad fel pe baent yn absennol. Mae yna bellhau seicolegol oddi wrth bresenoldeb yn y saffe meddyliol hwn. Wedi sicrhau'r pellter, gellir cymysgu'r Mathau. (Carwn oedi, mewn nodyn fel petai, gyda'r uniaethu rhwng y 'stori' fel dull llenyddol a'r trydydd person. Un o hanfodion stori yw ei bod hi fel pe bai'n absennol. Mae'n amlwg fod drama'n bresennol ar y pryd yn y gyfathrach ti-fi, a bod y delyneg fel pe bai'n ymateb byw gan berson cyntaf yng ngŵydd y gwrthrych, neu o leiaf yng ngŵydd y profiad. Ond am y stori, er na raid iddi fod yn y gorffennol, gorffennol yw ei norm. Adrodd amdani fel pe bai gwybodaeth wedi'i chasglu amdani y bydd yr awdur. Saif o bell. Ac wrth gwrs, dyna union swyddogaeth y trydydd person. Gellir defnyddio ef/hi/hwy am bobol neu wrthrychau sy'n bresennol; ond fe'u trinnir hwy ar y pryd fel petaent yn absennol i'r berthynas fi/ti sydd yng nghanol dirfodol y darlun. Dyna union ymddygiad y stori.)

5. Yn ieithyddol corfforir *dau gyfeiriad Amser yn y ferf*. Mae'r meddwl dynol yn delweddu Amser megis llinell symudol, llinell sy'n meddu ar hyd ond heb drwch. *Dau bosibilrwydd yn unig* sy'n orfodol bosibl i'r symudiad: yn ôl neu ymlaen, o'r dyfodol i'r gorffennol neu o'r gorffennol i'r dyfodol: e.e. Dwi yma ers dau ddiwrnod. Dwi yma am ddau ddiwrnod arall. Hynny yw, gall Amser fod yn ddisgynnol neu'n esgynnol, gan edrych tuag ymlaen neu duag yn ôl, yn colli neu'n ennill, yn dywyll 'besimistaidd' neu'n olau 'optimistaidd', dyn yn ildio i Amser neu'n ei drechu. Daw'r dyfodol atom bob eiliad ac ysywaeth diflanna y tu ôl i'n cefn wedi'i orffen; neu gallwn feddwl amdanom ein hun yn ymadael â'r hyn a fu er mwyn symud ymlaen i orchfygu'r hyn sydd o'n blaen.

Hynny hefyd sydd mewn llenyddiaeth yng nghyfundrefn Modd. Defnyddir dau derm sy'n annigonol

Comedi/Trasiedi. Ond efallai mai Modd I a Modd II fuasai orau. Os cyfeirir at Gomedi, yn y cyd-destun hwn, meddylir amdano nid yn null y BBC, yn llawn jôcs; eithr yn null Dante yn y Gomedi Ddwyfol. Mewn Comedi neu Fodd I, y mae'r ddelwedd o amser (yr elfen ferfol neu ddigwyddiadol) a gynnail gyfanwaith llenyddol yn *enillol*. Mewn Trasiedi neu Fodd II, y mae'r ddelwedd o amser, neu berthynas y digwyddiad a'r goddrych neu'r gwrthrych yn *orchfygedig*.

6. Felly, y mae gennym mewn Tafod dri Math pegynol (y gellir eu cyfuno mewn Mynegiant), dyweder y Delyneg, y Ddrama, y Stori, a'r un pryd, o fewn yr un cyfanweithiau gellir ym mhob un gael dau Fodd o gorffori amser yn begynol, sef Comedi neu Drasiedi (y gellir eto eu cyfuno mewn Mynegiant). Dyna'r cwbl o theori sylfaenol i Ddull yn Nhafod y Llenor. Does dim dulliau eraill (ar wahân i'r cyferbyniad allbersonol mewn Math, ac allamserol mewn Modd). Mae popeth arall mewn Tafod yn amhosibl. Mewn Mynegiant gellir cymysgu'r safleoedd gwahanol hyn, wrth gwrs, sydd ar gael ar gyfer Math (y tri pherson) a'r cyfeiriadau sydd ar gael ar gyfer Modd (y cynyddol a'r enciliol).

7. *Pan symudwn o Dafod i Fynegiant*, sut bynnag, cawn broblem wahanol a all amrywio yn ôl ffasiwn yr amser. Gall Dull Mynegiant godi dros dro a darfod, megis y Ddrama Firagl, y Ddrama Deledu am Ysbyty ac yn y blaen. Yn achos y Rhamant, yr oedd thema sifalri'n pwyso, a ffordd o fyw yn hawlio sylw, serch y llys yn darparu cynllwyn, a moesau gwarineb yn mynnu lle. Y ddelwedd hon a'i diffiniai'n Rhamant. Hynny yw, ym myd cynnwys y mae amgylchiadau neu agweddau cymdeithasol ar y pryd yn caniatáu neu'n amodi ffordd arbennig o drin testun yn ôl *genre*/dull. Ac ym myd mesur, ceir rhai fel yr englyn, y tanka, y soned a all fod yn hiroes ac eto a all frigo ar un cyfnod ac yna a all ddarfod (dros dro efallai): gall mesurau eraill fod yn fyrrach o lawer eu heinioes. Mewn Tafod dulliau o feddwl yw'r dulliau, nid dulliau o sgrifennu: nid oes cymysgu rhwng y dulliau yn

y fan yna, y mae iddynt eu ffiniau a'u potensial. Mewn Mynegiant, dulliau o sgrifennu neu o lefaru ydynt ar achlysur arbennig; ac fel arfer fe'u cymysgir. Ond mater arall yw hynny. Cywasgwyd digon eisoes i un anadl.

## (C.6)
# DEUNYDD MYNEGIANT

Pan soniwn am Ddeunydd Mynegiant, yn wahanol i Ddeunydd Tafod, am y pynciau achlysurol yr ymdrinnir â hwy y meddyliwn, am y cyfuniad arbennig o themâu yn y gwaith arbennig dan sylw, am y cynnwys idiosyncratig neu neilltuol sy'n perthyn i'r llenyddwaith, bob gwaith yn wahanol, ac nid am *undod* y testun mytholegol a chyffredinol sy'n llenwi'r cyfanwaith o'r dechrau hyd y diwedd, nid am y themâu rhyngwladol poblogaidd.

Trown felly at Fynegiant. Wele ni'n gartrefol, efallai. Dyma'r lle y mae'r hyn a adwaenom ni fel 'llenyddiaeth' fel petai yn dechrau. Cyflwyniad terfynedig ydyw. Cyfansoddiad unigol. Peth i'r synhwyrau yn y gwraidd, er bod y synhwyrau hynny'n esgor hefyd ar weledigaeth.

Dyma lle'r ŷm yn arfer bod, yn gymaint felly nes ystyried mai norm yw anwybyddu bodolaeth Tafod. I'r darllenydd normal, wrth gwrs, nid yw Mynegiant yn arwyddocaol fel endid ar wahân.

Yn wir, felly y mae hi hefyd wrth ystyried rhai gweddau eraill mewn beirniadaeth. Mae hi bellach yn ddiarhebol ac yn awdurdodol amlwg, er enghraifft, ar adeg Mynegiant nad oes gwahanu hwylus rhwng cynnwys a ffurf, na rhwng rhan a chyfan. Mewn Mynegiant ceir 'cymysgu' o bob 'math' (nid oes cymysgu mewn Tafod): e.e. cymysgir mewn Rhamant olygfa, disgrifiad a chrynodeb. Mynegiant ei hun yw 'llenyddiaeth go iawn'. Pam sôn am Dafod o gwbl?

Ac eto, mewn beirniadaeth lenyddol gyfansawdd, byddai anwybyddu Tafod yn union fel pe bai ieithydd yn trafod iaith heb ramadeg. Meddyliwch am y fath beth. Gellid sylwi ar frawddegau a'u cymharu â'i gilydd ar yr wyneb. Gellid hyd yn oed gyfrif faint o weithiau y mae brawddegau yn dechrau â'r gair 'Y'. Gellid sylwi ar eu hyd cymharol, faint o eiriau, faint o sillafau sydd ynddynt. Dyma arddulleg. Ond byddai sylwi ar unrhyw batrwm y tu ôl a benderfynai siâp gydlynol yr enghraifft o fewn cyd-destun iaith yn gyffredinol, ac a sicrhâi gydberthynas y gwahanol rannau ymadrodd, yn waharddedig. Byddai 'dosbarthiadau' fel eu 'rhif' gramadegol (unigol, deuol, lluosog), eu cenedl, natur y treigladau, byddai hynny oll yn anathema neu ar y gorau'n blith draphlith â chyfrif y nifer o weithiau y mae 'g' yn digwydd, dyweder. Ni byddai na ffonem na morffem ar gael yn yr ugeinfed ganrif, o feddwl yn ôl y trywydd yna. Byddem yn trafod iaith ar lefel y mart, hynny yw, yn ddefnyddioldebol braf, ond heb dreiddio i'w deddfau na'i threfn. Mae'n amlwg fod iaith yn fwy na hynny. Ac felly, llenyddiaeth hithau.

Beth, felly, yw'r gwahaniaeth rhwng DEUNYDD mewn TAFOD a DEUNYDD mewn MYNEGIANT? Y lleoliad 'cyffredinol' yw Tafod. Y lleoliad 'arbennig' yw Mynegiant. Mae ansawdd y naill yn gwbl wahanol i'r llall; ond nid yw'n llai pwysig. Nid yw'r naill yn gallu gweithio heb y llall.

Mewn diagram, a nodwyd wrth drafod FFURF Tafod, buwyd yn arolygu yn fras holl theori Tafod am Ddull Llenyddol. Crynhowyd y cwbl o fewn pump sylfaenol, pump yn unig i bob pwrpas, a phump yn orffenedig (er bod yna faes a mesur y tu allan i Fath a Modd lle y ceir Dulliau megis yr erthygl. Ond mater arall yw hynny.): Telyneg, Drama, Stori, Comedi, Trasiedi. Pan ddown yn awr at Ddull Llenyddol mewn Mynegiant, at yr is-fathau a'r isfoddau (maes a mesur) y mae a wnelom â miliynau o bosibiliadau, llawer ohonynt dros dro.

Mae'r patrymau ymwybodol mewn Mynegiant yn afrifed. Ac eto, o fewn miliynau o bosibiliadau fe geir hefyd batrymau neu dueddiadau cymharol sefydlog. A chredaf y gellid esbonio pam hynny hefyd (a hynny, os caf ddweud, yn ôl athrawiaeth Galfinaidd sofraniaeth y sfferau). Dibynnant ar swyddogaethau bras ac amryfal weithgareddau y bersonoliaeth ddynol (gw. *Llên Cymru a Chrefydd,* R. M. Jones). Os oedd Tafod braidd yn foel wrth drafod safle meddyliol cymeriadaeth, dyweder, mewn rhamant Arthuraidd, mewn Mynegiant y mae'r holl fanylion sydd yn y testun ei hun yn cyfrannu tuag at hwnnw bellach. Ac ymgarfana'r manylion hynny yn ôl swyddogaethau cymdeithasol a phersonol ein bywyd ymarferol.

Pan gyflwynir ni i gymeriad Geraint, er enghraifft, mae ganddo enw (mae'n cael ei arbenigoli), mae ganddo berthynas â phobl benodol, mae'n cael ei gysylltu â digwyddiadau neilltuol a gwahaniaethol. Hynny yw, wrth symud o Fyth Tafod i Bwnc Mynegiant y mae cymeriad yn tueddu yn y rhamantau i gael ei ddyneiddio a'i arbenigoli. Wrth gwrs, y mae'n ddisgwyliedig urddasol fel marchog defodol. Ceir ganddo hefyd ymateb doeth rhag ymladd yn fyrbwyll heb ei arfogi'n iawn (103). Cyn bo hir, sut bynnag, fe'i gwelwn a golwg anurddasol arno. Ond nid yw hynny'n ei iselhau'n derfynol. Y disgwyliad a'r syniad arferol am gymeriadau'r Oesoedd Canol yw eu bod yn gyson syml, anghymhleth, di-liw. Ond nid ystrydeb o'r fath yw Geraint na'r un o brif gymeriadau'r Tair Rhamant. Mae ganddo nerth buddugoliaethus, bid siŵr, ond y mae ei agwedd tuag at Enid yn gwamalu rhwng y sarhaus a'r anrhydeddus (a hynny yn ôl y gwrthdaro thematig rhwng yr arwrol henffasiwn a'r sifalrïaidd newydd). Gall bellhau, gall agosáu. Dengys feddalwch a dicter. Y tu ôl i'r nodweddion hyn ceir balchder, ac eto drwy'r cwbl y mae'r cariad tuag at Enid yn aros yn loyw. Ceir hyd yn oed elfen o hunan-feirniadaeth ganddo ar dro (150). 'Ac edrych a orug Geraint ar Enid yna, a dyfod ynddo ddau ddolur – un ohonynt o weled Enid wedi ry golli ei lliw a'i gwedd, a'r ail ohonynt, gwybod ei bod ar yr iawn.' Hynny yw, y mae'n arwr cynnil gymhleth.

**Ffigur** loywach yw Enid. Fe'i cyflwynir yn ystrydebol o hardd, os braidd yn dlodaidd ei golwg (104). Nid enwir mohoni tan 118, eithr eisoes amlygodd ei gostyngeiddrwydd cyson (105, 126, 128, 132). Gwelwn fod ei chariad yn treiddio hyd at dristwch, ac amlyga barodrwydd dewr i fentro dicter Geraint oherwydd ei chariad ato. Dadansoddir ei theimladau hi yn fwy na rhai neb arall yn y stori. Darlunnir yn sylfaenol ei ffyddlondeb aeddfed; gyda goruchafiaeth ffyddlondeb benywaidd (cf. Griselda). Hi yw Constance yn 'Man of Law's Tale' Chaucer. Hi yw Desdemona yn *Othello*, y wraig a amheuir ac a gosbir. Hi yw Branwen a Rhiannon. Wrth gwrs, dadleuir ei bod yn cynrychioli Sofraniaeth, ac y mae Lovecy (SC XII/XIII) yn ein hatgoffa mai ffigur Geltaidd yw'r un sy'n cael ei thrawsffurfio drwy gyfathrach â brenin o fod yn wrach i fod yn wraig ifanc hagr (cf. Yeats, *Cathleen Ni Houlihan*). Hi, felly, sy'n cynnal myth 'y wraig enllibiedig' yn y stori.

Dyna'r ddau brif gymeriad, a gwelir na ellir eu symleiddio'n 'gyffredinol' yn ôl cyflwr Tafod; ond gwahaniaethir yn ddigon eglur rhwng rhai o'r is gymeriadau hefyd sydd o'u cwmpas; Erbin er enghraifft yn hen ac yn llesg ond yn ddoeth. Ar ryw olwg, y mae Erbin yn cynrychioli'r 'hen ffordd Gymreig o fyw' cyn i'r newyddbeth sifalri yma ddod â thraddodiad estron ar draws yr hen ffordd ymarferol ond gwâr honno o ymddwyn. (120, 125). Sieryd Erbin yn urddasol, ac wrth drafod mab anodd, mae'n ei drin gyda chydymdeimlad cadarn a dealltwriaeth gall. Mae Cai, yntau, yn annymunol braidd, yn drwsgl mewn brwydr, ond yn waelodol anrhydeddus; a Gwalchmai wedyn yn gyferbyniad bwriadus i Gai, yn wir ceir gwrthdrawiad rhyngddynt; ac eto, y maent yn cynrychioli yn anad dim y rhinweddau sifalrïaidd.

Yr wyf eisoes wedi awgrymu y gall fod tair haenen hanesyddol yng ngwneuthuriad y stori, ac adlewyrchir hynny mewn rhai manylion yn y gymeriadaeth. Ceir olion yr haenen fytholegol yn stori *Geraint* yn y frwydr yn erbyn y cewri ac yn yr adferiad gwyrthiol. Yn *Owain* ceir storm oruwchnaturiol wrth y ffynnon. Ac yn *Peredur* ymdeimlwn â natur oruwchnaturiol y gorflwch. Ond olion gweddilliol yw'r enghreifftiau hyn, ac eraill y gellid eu crybwyll, ac yn arbennig yn *Geraint* fe'u crybwyllir yn ddiffwdan weithiau, bron fel petaent yn norm.

Yna, yn yr ail haenen, sef yr 'hanesyddol', cysylltir y ffigurau chwedlonol ag arwyr go iawn. Dyneiddiwyd y goruwchnaturiol. Daethant yn fwy realistig, fe'u cysyllt-wyd hefyd rywfaint â lleoedd.

Ac yna, gosodwyd hwy o fewn cyd-destun twrnamaint a sifalri, arf a gwisg gyfoes, seremonïaeth grefyddol: mae ymarweddiad yr unfed ganrif ar ddeg a'r ddeuddegfed ganrif i'w deïmlo yn eu plith.

Ar ryw olwg, y gwrthdrawiad penodol rhwng haenau dwy a thair yw un o brif themâu'r rhamantau, rhwng hen arwr (yr hen ffordd Gymreig o fyw) Erbin, a'r 'playboy' sifalrïaidd Geraint, rhwng yr amrwd a'r coginiedig.

Dibynna digwyddiadaeth y chwedl ar y gymeriadaeth hon oll. Ac un o'r problemau cyson yn *Geraint* a rydd ddiddordeb i'r olyniaeth o anturiaethau yw'r anhawster o gynnal cydbwysedd rhwng serch ac anturiaeth. Dwy thema ffasiynol yr oes oedd serch llys (*amour courtois*) a sifalri: hen themâu cynhenid, wrth gwrs, ond ar wedd ychydig yn newydd erbyn hyn. Byddwn yn synied am y gyntaf, y serch llys, fel rhan o'r ail, y sifalri; a dyna a geir yn *Peredur* ac *Owain*. Tra oedd y naill yn isradd i'r llall, ceid iechyd; ond yn ddiddorol iawn yn *Geraint*, ceid peth gwrthdrawiad rhyngddynt nes yn y diwedd ddod i fath o gydbwysedd newydd wrth i serch llys ymostwng i sifalri, a dod i wybod ei le fel petai. Ar ryw olwg, y mae brawddeg olaf *Geraint* yn mynegi fel y mae'r cwlwm hwnnw'n cael ei ddatrys:

> 'aeth Geraint parth â'i gyfoeth ei hun ac i *wladychu* o hynny allan yn llwyddiannus, ef a'i filwriaeth a'i wychdra yn parhau gan *glod* ac *edmyg* iddo ac i Enid o hynny allan'.

Patrymir y ddigwyddiadaeth hon oll yn un rhes i bob golwg yn ôl dull cyfarwydd y rhamantau canoloesol ac yn bur wahanol i'r prif batrwm cyfarwydd yn y cyfnod diweddar. Mwclis sydd yma, golygfeydd gwahân yn dilyn ei gilydd ar linyn, gorymdaith megis y tasgau yn *Culhwch*, heb lawer o gyswllt ymddangosiadol rhyng-ddynt yn yr ystyr fod y naill yn arwain bob tro yn anochel at y llall. Ceir cyfres o uchafbwyntiau mân gydag amryw ganolbwyntiau diddordeb; ac felly ailddechreuir yn rheolaidd ac ailorffennir. Mewn stori hir neu nofel ddiweddar, yn arbennig os yw'n 'rhamantaidd' yn ein hystyr ni, lleolir priodas tua'r diwedd. Ond yn y Tair Rhamant gall fod yn burion tua'r dechrau gan mai yn y clod a'r edmyg y ceir gwir bwysau'r 'gwerth' a'r 'nod', nid yn y berthynas achlysurol rhwng y rhywiau. Y 'gwerth' yw'r both: y digwyddiadau yw'r adenydd.

Gellid synied am yr olyniaeth ddigwyddiadau fel math o barhad wedi'i ddatganoli gan y cymeriadau. 'Ansoddeiriau' o ran swyddogaeth ddisgrifiadol yw'r 'berfau'. Disgrifiant y cymeriadau hynny. Sefydlwyd yr egwyddorion a oedd yn y cymeriadau cyn cychwyn. Geraint yn ddewr ac yn nerthol, Enid yn ffyddlon ac yn ostyngedig. Yna, pwysa'r ddigwyddiadaeth ar y rhagdybiaeth honno, heb ddilyn cynllun achos ac effaith fel y rhagdybiwn ninnau bellach y buasai'n weddus mewn stori.

Y cynllwyn o ddigwyddiadau sy'n diriaethu'r thema, gyda'r gymeriadaeth yn gwlwm parhaol o fotiffau, a'r ddigwyddiadaeth yn gwlwm o fotiffau'n gogwyddo rhwng pegynau 'sefydlog' ac 'ansefydlog'. Corfforir y thema, sef ergyd ysbrydol yr ystyru, mewn cynllwyn delweddol. Mae'r undod a geir mewn rhamant ganoloesol, felly, yn wahanol o ran answadd i'r disgwyliadau modern. Fe eiriwyd yr answadd yma'n fedrus gan Dr. Ceridwen Lloyd-Morgan pan ddwedodd (a chyfieithaf): 'Bu gormod o ysgolheigion a fu'n ystyried undod storïol neu strwythur *Peredur* yn rhy awyddus, hyd yn oed yn ddiymwybod, i gychwyn o ragdybiaethau, oherwydd, fe ymddengys, eu bod yn cymryd yn ganiataol fod testun, hyd yn oed os yw'n ganoloesol ac nid yn gynnyrch y traddodiad cyfandirol-Ewropeaidd, yn gorfod cael cynnydd llinellaidd neu olyniaeth digwyddiadau, gyda llinyn storïol sy'n camu ymlaen o'r traethiad tua'r diweddiad, pryd y datrysir y gweithredu'n foddhaol, tra bo pob llinyn storïol isradd yn cyfrannu'n uniongyrchol at y prif linyn hwnnw. Ymhellach, tybir yn ddistaw bach fod y fath "undod" yn gyfystyr â rhagoriaeth lenyddol mewn termau absoliwt'. Dyma'r trafferth o orfodi dulliau meddwl diweddar am adeiledd llenyddiaeth mewn cyfnod arall.

# TAIR RHAMANT ARTHURAIDD

Ystyriwn yn awr gynllun unigolyddol dwy o'r Tair Rhamant hyn, sef *Geraint* ac *Owain*, yn bennaf o safbwynt eu DEUNYDD mwy penodol a'u cysylltiad â myth Sofraniaeth: (Cyfeirir at dudalennau *Y Tair Rhamant*, Bobi Jones, 1960)

| GERAINT | OWAIN |
|---|---|
| *I Ennill* (tt. 97-119) | *I Ennill* (tt. 1-21) |
| (i) Hela'r Carw Gwyn (sy'n symbol o Sofraniaeth). | (i) Ymgais aflwyddiannus Cynon wrth y ffynnon (a adroddir ar gais Owain). |
| (ii) Ennill a phriodi Enid (sydd hefyd yn symbol o Sofraniaeth). Hynny yw, y mae'r arwr yn ennill priod a theyrnas, ac ynghyd â hynny barch moesol. | (ii) Ymgais lwyddiannus Owain a'i briodas (ennill gwraig a theyrnas). |
| *II Colli* (tt. 119-126) | *II Colli* (tt. 21-30) |
| (i) Geraint yn dychwelyd i'w deyrnas. | (i) Anghofio'i wraig wrth ddychwelyd i Lys Arthur. |
| (ii) Yn byw'n feddal faldodus gyda'i wraig. Cyfyd beirniadaeth sy'n peri iddo bellhau oddi wrthi. | (ii) Colli peth o'i statws fel marchog a'i ddynoldeb yn yr anialwch (yn symbolaidd). Symbol yw 'mynd yn wylltawg' fod Owain wrth anghofio'i wraig, wedi colli'i ddynoliaeth. |
| *III Adennill* (tt. 127-151) | *III Adenill* (tt. 30-35) |
| (i) Geraint yn ei brofi'i hun. | (i) Mae'r forwyn yn ceryddu Owain am esgeuluso'i wraig. |
| (ii) Mae'n profi'i Wraig (thema Griselda amyneddgar gan arwain i gymod). Nid yn unig adennill ei wraig, ond gesyd y lle blaenaf i filwriaeth. *Atodiad* (tt. 151-156) cf. Breuddwyd Macsen, Owain, Peredur, Branwen a Math cf. *envoi* mewn *ballade* a *chant royal,* digwyddiad ychwanegol a 'chrwydr' y Cae Niwl (h.y. Clawdd Niwl) pryd y profir ar ôl meddyginiaethu. | (ii) Ceir ailadeiladu'n gorfforol ac yn foesol i adennill ei safle fel marchog a gŵr (gan ddechrau drwy ddisgyn yn symbolaidd o'r bryniau i'r dyffrynnoedd cyfannedd). (iii) Mae Owain a'i wraig yn dychwelyd i Lys Arthur. *Atodiad* (tt. 35-37) Digwyddiad ychwanegol crwydr y Du Traws. |

Dyma fath o ddiagram o'r tyndra:

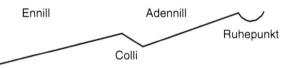

Ennill    Adennill

Ruhepunkt

Colli

Gwelwn ryw fath o batrwm cyffredinol yma. Mae'r
meddwl wedi cydio ym myth neu thema Sofraniaeth, ond
nid yw'n ymestyn mor eang gyffredinol â'r egwyddor o
Sofraniaeth. Mae honno'n egwyddor sy'n ymwneud â
miloedd o sefyllfaoedd ac o batrymau llai. Fe'i defnyddir
yn awr wedi'i chymysgu ag elfennau eraill.

Gallwn gyferbynnu â'r ddwy ramant hynny y cynllun
ar gyfer *Peredur*:

*I Bwrw Prentisiaeth*

(i) Magwraeth Peredur mewn cyd-destun o golli.

(ii) Mynd i Lys Arthur; mae'r elyniaeth yno yn gysgod o
wrthwynebiad y byd, ac yn ysgogiad i fwrw prentisiaeth.

(iii) Anturiaethau gan ymweld â sawl castell (yn un fe
wêl baladr gwaedlyd a phen gwaedlyd mewn dysgl yn
cael eu cario mewn gorymdaith).

(iv) Dychwelyd i lys Arthur wedi'i brofi a'i hyfforddi.

*II Priodas*

(i) Anturiaethau ychwanegol heb gyswllt â I.

(ii) Priodi Ymerodres Caer Gustennin; aros yno am
bedair blynedd ar ddeg. Dyma symbol o'i uniad â'r
sofraniaeth. Ond nid yw'n deilwng i'w chadw eto.

*III Adennill*

(i) Anturiaethau a phrofion sy'n arwain at adennill ei
wraig a sofraniaeth y deyrnas.

(ii) Datrys dirgelwch y pen a'r paladr yn I.

*Atodiad* Lladd gwiddonod Caerloyw.

Er bod yna elfen o golli ac adennill wedyn ar waith yn
*Peredur*, eto ymddengys hefyd yn rhamant *Peredur* fod
Rhannau I a II *Geraint* ac *Owain* eisoes wedi digwydd ar
ddechrau'r stori, a bod Peredur ar ryw olwg yn cychwyn
fel petai ar ôl colli'i deyrnas.

## (C.7)
# CYMHELLIAD MYNEGIANT

Wrth drafod CYMHELLIAD mewn Tafod, rhoddwyd y sylw'n bennaf i'r awydd am sefydlu ac amddiffyn cwlwm o werthoedd (mythau) yn gysylltiedig â bywyd aristocrataidd ymarferol. Hynny yw, cysylltid y cymhelliad yn weddol benodol â hyrwyddo deunydd a delfryd sofraniaeth a sifalri a chymeriadau cynddelwaidd.

Dichon i'r rhamantau bellhau oddi wrth ymwybod â phresenoldeb thema sofraniaeth, serch hynny. Wedi troi hefyd yn Ystoria ac yn llai o Fyth amlwg, er bod hynny wedi aros yn waddol drwy'r amser gan frith ymwthio drwy'u rhediad, dyna led golli'r boddhad cynhenid a geid yn y wedd ddeallol gyntaf honno ar y diddanwch. Eu bod wedi cyflwyno gwelediad arwrol ar fywyd fu peth o'r diddanwch yn ddiau gynt, a chredaf fod y ddamcaniaeth honno'n cael ei hatgyfnerthu o hyd gan ddefnydd y beirdd o'r rhamantau yn eu mawl. Mynegai Sofraniaeth i'r bobl ddealltwriaeth o'u tynged fel cymdeithas. Ac wrth glywed hynny ceid boddhad digonol i'r deall. Wrth bellhau a cholli peth o hyn, serch hynny, drwy gefnu ar y myth ysgogol fe âi'r rhamantau'n wahanol eu hapêl. Mabwysiedid yn awr ddelfryd sifalri, a chafwyd gwrthdaro rhwng hynny a'r hen ddelfryd arwrol. Darparai'r myth newydd foddhad newydd a diddanwch yn y deunydd newydd gyda chyffro, moeth, rhyfeddod a delfryd. Ond bellach trôi diddanwch efallai'n fwyfwy o ddifyrrwch, os caf ei roi fel yna, a'r 'byrru' yn y gair 'difyrru' yn golygu byrhau'r amser: 'pastime' ydoedd. Dôi'r arddull yn fwy ffasiynol. Dôi'n fwy 'poblogaidd' wrth golli ychydig o'r ergyd ddeallol gychwynnol. Ond nid peth i'w ddirmygu yw difyrrwch, wrth gwrs. Mae i hwnnw hefyd ei bwrpas a'i werth anrhydeddus. Eto, dibynnai'r rhamantau leilai ar eu golwg ddeallol seml ar fywyd a mwyfwy ar ryw fath o apêl synhwyrus mewn presennol nad oedd mor gysylltiedig â deunydd mytholegol. Ceisio difyrru yn bennaf drwy ryfeddod oedd eu cymhelliad mwyach.

Yr wyf felly yn gwahaniaethu rhwng Cymhelliad
mewn Tafod a Chymhelliad mewn Mynegiant, a cheisiaf
esbonio pam drwy lunio cymhariaeth rhwng ffurf y
Bregeth a ffurf y Rhamant.

Byddai llawer o leiaf yn y traddodiad clasurol
Protestannaidd yn dadlau mai cymhelliad gwaelodol y
bregeth (ei chymhelliad mewn Tafod) oedd clodfori Duw
drwy annog edifeirwch, gan ddyrchafu Ei Berson a'i
weithredoedd drwy arwain cynulleidfa i wynebu
Cyfiawnhad a Sancteiddhad. Ond ystyrier arddull y
foment. Oherwydd hyd seicolegol 'sylw' gwrandawr, at ei
gilydd ni thâl pregethu'n rhy hir am y materion hyn. Ni
thâl brawddegau trymion maith na geirfa oracademaidd.
Gweddus yw siarad yn iaith y bobl. Ac os gall pregethwr
wneud ei bregeth yn dreuliadwy ddiddorol, os gall
gorffori syniadau clir a theimladau didwyll ac anogaeth
daer, a hyd yn oed storïau perthnasol, yna y mae hi'n
debycach o fod yn llwyddiannus fel pregeth. Nid difyrru
yw ei bwrpas wrth wneud hyn. Ceidw ei nod sylfaenol o
hyd. Ond ar waith yn ymarferol o fewn ei bregeth, y mae
yna gymhelliad arall heblaw clodfori Duw yn union-
gyrchol drwy annog edifeirwch: mae yna awydd i'r
mynegiant ddal sylw a denu ymateb y gynulleidfa. Mae
hynny'n ymylu ar ddiddanu, oherwydd y mae'r naill a'r
llall, sef dal sylw a diddanu, yn cyfranogi o rai o'r un
rhinweddau â'i gilydd. Ymddengys i mi, erbyn cyfnod y
fersiwn sy gennym ni o'r rhamantau, mai diddanwch (o
fewn cyfundrefn o werthoedd) yw cymhelliad cyntaf y
cyfarwydd.

Fel y cawn weld wrth archwilio arddull y Mynegiant,
ni ellir amau nad oedd yna fwriad gan yr awdur i'w iaith
fod yn groyw, yn ysgafn, ac yn lliwgar er mwyn rhoi
hyfrydwch i'w gynulleidfa, er y gall, wrth gwrs, mai'r
bwriad cynhwynol o hyd oedd corffori mythau Sofran-
iaeth a Mebyd-chwedl. Yr oedd i'r cymeriadau hefyd (yr
Enwau) mewn Mynegiant, eu cywreindeb grotesg ac
arwrol, delfrydus ac apelgar aruchel. Yr oedd i'r
ddigwyddiadaeth (y Berfau) ei chyffro a'i syndod uwch-
ddynol. Hynny yw, yr oedd ansawdd y dweud, y gloywder

meddyliol a seiciol yn ogystal ag aruchelder y deunydd yn ennill rhagoriaeth wrth droi eu delwedd wrth-realaidd o'r ddiriaeth i'r dychymyg mewn rhyfeddod arallfydol.

Sylwn yn drydydd, – yn ogystal â'r gymeriadaeth a'r ddigwyddiadaeth – ar yr elfen adferfol mewn rhamant. Yn drosiadol y mae'n briodol inni ddyfynnu Dr. Peter Wyn Thomas, *Gramadeg y Gymraeg* (429) am yr Adferfol: 'Elfen ddewisol yn y Cymal yw Adferfol; cyflwyno gwybodaeth ychwanegol am yr hyn a gyfleir gan y Ferf yw ei swyddogaeth.' Mewn jargon seico-fecanaidd, byddwn yn ei diffinio fel rhan ymadrodd draethiadol (mae yna bedair o'r rheini mewn tri safle): yr enw yn hunan-gynhaliol, gan feddu ar bwysedd mewnol; y ferf a'r ansoddair yn meddu ar bwysedd allanol, ac yn ddibynnol ar yr hunan-gynhaliol; yr adferf sy'n meddu ar yr ail fath o bwysedd allanol, sef dibynnu ar y dibynnol. Tebyg yw'r drydedd ran ymadrodd storïol hithau, yr hyn a alwaf (yn anfoddhaol) yn amgylchfyd. Fel yr adferf, dyma'r elfen(nau) yn y stori sy'n goleddfu'r ferf o ran (i) achos a rheswm, (ii) amser, (iii) lle, (iv) modd, a (v) graddau.

Hyd yn hyn, buwyd yn sôn am Dafod. Mewn Mynegiant byddwn yn gallu manylu'n fwy enghreifftiol. Ond o ran *modd* y mae'r holl osgo tuag at 'ryfeddod' yn dweud rhywbeth yn adferfol fel petai am y digwydd-iadau. Mewn Tafod, *stori* yw'r dull (math) a drafodir. Mewn Mynegiant y *rhamant* sydd, sef yr is-fath o stori, wedi'i phenodoli mewn amser a lle a modd. Ond teg efallai fyddai nodi rhai o'r elfennau sy'n cyferbynnu rhwng y rhamant a'r realistig er mwyn cyfleu natur modd yr 'Amgylchfyd' rhamantaidd a gyflwynir, neu'r rhan ymadrodd storïol honno sy'n cyfateb i'r Adferfol. Y rhain sy'n diffinio'n llawnach natur y dull *rhamant*.

(Dylwn nodi fy mod yn credu mai rhan o'r proses cynhwynol o ymlenydda oedd y troi cyntaf, o'r arferol dilenyddiaeth i'r mythig neu'r rhyfeddol a berthynai i'r dasg o ddathlu 'crefyddol'. Hyn a esgorodd ar y proses llenyddol. Rwy'n cymryd mai'r ail droi oedd yr un democrataidd oddi wrth yr arallfydol at y naturiolaidd a'r realistig. Digwyddodd hyn yn hanesyddol, wrth gwrs, wrth symud o'r rhamant i'r nofel; ond digwyddodd hefyd o fewn y rhamant ei hun. Am resymau all-lenyddol daethai'r cyffredin 'gwerinol' ar y pryd yn faes diddorol a gwerthfawr i gynulleidfa.)

| | RHAMANT (Crebwyll) | REALISTIG (Darfelydd) |
|---|---|---|
| 1. Nod yr awdur | Dyrchafu rhyw ddelfrydau aruchel. | Archwilio bywyd. |
| 2. Moesoldeb | Defodol ofalus, syml. | 'Arbrofol', ansicr. |
| 3. Awyrgylch | Rhyfeddol. | Arferol. |
| 4. Cymeriadau | Delfrydol, du a gwyn. | Arlliwiau amrywiol o lwyd wedi'u lleddfu gan liwiau eraill. Argyhoeddiadol yn seicolegol. |
| | Uchelwyr. | Pobl gyffredin. |
| 5. Cynllwyn | Posibl neu oruwchnaturiol. | Tebygol ac adlewyrchol. |
| 6. Amgylchfyd | Cymdeithas ffiwdal gartwnaidd neu gymdeithas arallfydol. | Mwy o fanylder na'r rhamant at ei gilydd, mwy o amrywiaeth emosiynol. |
| 7. Arddull | Uniongyrchol fel arfer, syml er mai hynafol ydyw bellach, cymharol agos yn sylfaenol at yr iaith lafar. | Cyffredin ac eglur, ond weithiau'n unigolyddol ac yn medru pellhau oddi wrth y gynulleidfa drwy ddyfeisiau celfyddydol. |
| 8. Uniaethu | Y darllenydd yn ei weld ei hun – mewn cyflwr tebyg i freuddwyd neu ffantasi – yn y sefyllfa neu'r cymeriadau hyn, gan ymhoffi yn hynny. | Y darllenydd yn ei weld ei hun – o bosibl mewn cyflwr tebyg mewn bywyd bob dydd – yn yr un sefyllfa neu gymeriadau ond heb chwenychu hynny o anghenraid. |

Mae'r Adferfol yn y rhamantau yn goleddfu o ran modd ac awyrgylch (oherwydd cefndir myth) drwy ymbellhau rhag y realaidd: dyna'r cyfraniad a rydd yr elfennau 'rhyfeddol' i adeiledd y chwedlau hyn (er bod i'r elfen ansoddeiriol rôl cyffelyb). Gwelwn y realistig ar waith yn nodweddiadol yn nofelau'r bedwaredd ganrif ar bymtheg a rhan gyntaf yr ugeinfed ganrif, ac i raddau wedyn, ond eisoes yng ngwreiddiau'r rhamantau ceid peth o'r symudiad hwn wrth droi oddi wrth fyth at ystorïa. Mae'r cyfle i brofi'r rhyfeddol yn y Tair Rhamant yn bur gyson ac weithiau'n ymdebygu i'r math o olygfeydd 'spectacular' a geid mewn ffilmiau Hollywood drud (fel *Antony and Cleopatra*) lle y ceisid cyflwyno, dyweder, orymdaith gyda llu o bobl mewn gwisgoedd anghyffredin, ynghyd ag eliffantod â'u llwythau moethus, corachod yn cario gwyntyllod, merched prin eu gwisg a rhai wedi'u gorwisgo, sŵn a swae anghyffredin. Dyma damaid nid cwbl wahanol er nad ar ffurf gorymdaith o *Geraint*. (101) Y geiriau yw'r orymdaith.

> 'Ac edrych yng ngwrthwyneb y twrf a orugant, a hwynt a welent gor yn marchogaeth march ucheldew ffroenfoll maeswehyn cadarnddrud. Ac yn llaw y cor yr oedd ffrewyll. Ac yn agos i'r cor y gwelent wraig ar farch canwelw telediw a phedestrig wastadfalch ganddo, ac eurwisg o bali amdani ac yn agos iddi hithau farchog ar gadfarch mawr tomlyd, ac arfau trwm gloyw amdano ac am ei farch. A diau oedd ganddynt na welsent erioed ŵr a march ac arfau hoffach ganddynt eu maint na hwynt; a phob un ohonynt yn agos i'w gilydd.'

Syndod a rhyfeddod benbaladr.

Gyda'r ffilm Hollywoodaidd, gall gorymdaith gymryd tipyn o amser heb i air gael ei yngan, a'r bwriad yw ein hatynnu a mynd â'n gwynt. Rhywbeth tebyg a fwriadwyd yn achos *Geraint*. Megis gyda Hollywood, felly ceir yn *Geraint* (105).

> 'A diau oedd ganddo na welsai erioed un forwyn gyflawnach o amlder pryd a gosgedd a thelediwrwydd na hi.'

neu yn *Owain* (17)

> 'gwraig y gellir dywedyd iddi ei bod yn decaf o'r gwragedd, ac yn ddiweiraf, ac yn haelaf, ac yn ddoethaf, ac yn foneddicaf.'

Chwiban y blaidd yw'r atalnod llawn bob tro. Eto, (6):

> 'A phan ddeuthum yno, hoffach oedd gennyf a welwn yno o anifeiliaid gwyllt na thri chymaint ag y dywedodd y gŵr.'

Yr un nod sydd mewn golwg yn y disgrifiadau moethus achlysurol (20):

> 'Ac am hanner dydd trannoeth y gwisgodd Owain amdano bais a swrcot a mantell o bali melyn ac orffrois lydan yn ei fantell o eurllin, a dwy wintas o gordwal brith am ei draed a llun llew o aur yn eu cau.' (cf. 1, 4, 53, 98).

Dyma'r argraff a rydd, wrth reswm, yr elfennau goruwchnaturiol a erys yn y rhamant (6-7}.

> 'A chymryd y ffon yn ei law, a tharo carw â hi ddyrnod mawr, oni rydd yntau frefarad mawr; ac wrth ei frefarad ef y daeth o anifeiliaid onid oeddynt gyn amled â'r sêr yn yr awyr, ac onid oedd gyfyng imi sefyll yn y llannerch gyda hwynt, a hynny o seirff a gwiberod ac amryfal anifeiliaid.'

Sylwer tua dechrau *Peredur* ar eresu (38), rhyfedd, rhyfeddu (39), a'r lle sydd i 'enrhyfeddodau' {84) a Chaer yr Enrhyfeddodau (89-96).

Gellid cymharu'r cyferbyniad a geir rhwng y ddau gyfnod, y cynnar a'r diweddar, y rhamantau a'r storïau realistig â'r newid mewn arlunwaith rhwng yr Oesoedd Canol a'i Symbolaeth gyda ffresni'r gwirioneddau ysbrydol a gyflwynir ynghyd â'r addurniadol, ar y naill law, a'r paentio diweddarach rhwng y bymthegfed ganrif a'r ail ar bymtheg sy'n fwy Ffeithiol, gyda Van Eyck, Breughel, Dürer, Bellini, yn ogystal â Rembrandt, Van Ruysdaal, a Vermeer. Ceid newid dosbarth cymdeithasol yma hefyd, o'r uchelwrol yn yr Oesoedd Canol i'r bwrdeisaidd yn y Dadeni. Dyma hefyd newid tebyg i'r newid a geid o'r Delfrydol yn yr ail ganrif ar bymtheg gyda Titian, Claude a Poussin, a'u ffantasi ar y naill law, i'r Naturiol yn y bedwaredd ganrif ar bymtheg gyda Constable a'r Argraffiadwyr.

Prin, at ei gilydd, rhaid cyfaddef, yw'r darlunio o olygfeydd yn y Tair Rhamant. Dyma sy'n nodweddiadol o'r cyfeirio at yr amgylchfyd a'r cefndir gweledig: (100). A thrwy Wysg y daethant i'r fforest, ac ymado â'r briffordd a cherdded tir erddrym aruchel oni ddaethant i'r fforest.

(127) Ac nid y ffordd ddigrifaf a chyfanheddaf a barodd ef ei cherdded, namyn y ffordd ddiffeithiaf a diheuaf fod lladron ynddi a herwyr a bwystfilod gwenwynig. A dyfod i'r briffordd a'i chanlyn a orugant; a choed mawr a welent oddi wrthynt, a pharth â'r coed y daethant.

Dichon mai'r creu golygfeydd llawnaf o'r math hwn a geir mewn unrhyw un o'r rhamantau yw'r ddwy hyn yn *Geraint*:

(132-3) Ac ar dalm o'r dydd gado y coed a orugant a dyfod i faestir go amnoeth a gweirgloddiau oedd o'r neilltu iddynt, a phladurwyr yn lladd y gweirgloddiau. Ac i afon yn eu blaen y daethant, a gostwng a orug y meirch ac yfed y dwfr a wnaethant. A dyrchafael a orugant o'r afon i riw aruchel.

(140) hwynt a welent ddyffryn tecaf o'r a welsai neb erioed, a phrif afon ar hyd y dyffryn, a phont a welent ar yr afon, a'r briffordd yn dyfod i'r bont. Ac uwchlaw y bont o'r tu draw i'r afon, hwynt a welent gastelltref decaf a welsai neb erioed. Ac fel y cyrchai ef y bont, ef a welai ŵr yn dyfod tuag ato trwy fyrgoed bychan tew.

Yn yr awyrgylch (yr adferfol) sy'n lliwio ac yn goleddfu bodolaeth a gweithredoedd y cymeriadau i gyd yn y *Tair Rhamant* ceir llu o elfennau. Pe na wnaem ond ymgyfyngu i'r rhestr o ddylanwadau a nododd Morgan Watkin wrth drafod y dylanwadau Ffrengig ar y Pedair Cainc, gwelem eu priodoldeb i'r Tair Rhamant yn fwy trawiadol: nodweddion personol a fawrygai'r bonedd Ffrengig megis gwallt golau, gwisgo coron, barf wedi'i heillio; dillad – pali, bliant, syndal, ysgarlat, gra (ffwr), crys, llawdyr, pais, swrcot (Ffr. surcot), mantell (Ffr. manteau), esgidiau cordwal; moesau ac ymarweddiad; celfyddyd rhyfel dynion a'u ceffylau, eu gwisg a'u harfogaeth; tai; bwyd; pebyll, pafiliynau; hamdden; crefydd a holl adeiladwaith modern y gymdeithas ffiwdal, gyda'r hen Oed Gymreig wedi troi'n Dwrnamaint.

Dichon fod y newid o'r Oed i'r Twrnamaint yn cynrychioli'n well na dim y cyferbyniad rhwng yr Arwrol a'r Sifalrïaidd.

Ar ryw olwg gellid dadlau, wrth gwrs, nad diweddar yw'r math hwn o gyferbyniad, a bod gwreiddiau'r gwahanu rhwng 'Dychymyg' (a gwirionedd delfrydol) a Realaeth (a gwirionedd ffaith ac amgylchfyd), sef y math o gyferbyniad a gysylltwn yn ddiau yn anghywir â'r ddeuawd Celfyddyd a Gwyddoniaeth, yn hen hen beth, a bod ei wreiddiau i'w canfod yn y gwahaniaeth rhwng Myth a Hanes (Croniclo, Achyddiaeth). Hawdd symleiddio ar y mater gan fod y cyd-ddylanwadu yn rhemp. Ond os cofiwn mai tueddiadau pegynol sydd y tu ôl i'r cyferbynnu hwn, gellid ei weld fel hyn:

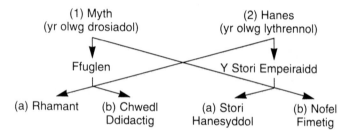

Ond hunan-dwyll fyddai synied mai mynd at y Rhamantau a wnawn yn bennaf er mwyn cael gweledigaeth o fywyd gwâr neu awyrgylch glasurol o wareiddiad. Yr hyn a rydd bleser yw nid maes y syniadaeth, yn gymaint â'r diddanwch a geir drwy'r gelfyddyd, peth sy'n 'Gynnwys' (wrth gwrs ond) mewn Ffurf. Y mynegi coeth yw'r boddhad. 'Harddwch' ydyw sy'n mynegi daioni celfyddydol. Nid ansawdd y bywyd a ddarlunnir rywsut rywsut sydd yn y canol, felly, er bod hynny'n cyfrif wrth gwrs, ond y bywyd a 'brydferthwyd' gan ddychymyg yr awdur. Ac yn hynny o beth, y mae harmoni'r cywair a'r olwg eglur ar berthynas fonheddig, yr amrywiaeth deunydd a dull, yn cyd-gyfrannu yn yr ymchwil am geinder. Creu celfyddyd yw'r pwrpas yn y bôn (o bosib, yn isymwybodol o fewn cyd-destun o gywreinrwydd) ym mhob llenyddiaeth dda; ac os gofynnir i lenor da ymwybodol ac effro beth sydd ganddo i'w ddweud, dyna ydyw yn gyntaf oll, – beth bynnag a sut bynnag y dwedo ef ei hun. Cyflyrir ansawdd y gwaith gan ei safonau moesol aeddfed (neu beidio), a'i agwedd at werthoedd bywyd ac at drafod iaith, a chan ei hydeimledd ynghylch cywair a rhythm a gwefr y perthnasoedd geiriol. Mae crefft y glust iddo yn priodi ansawdd y synhwyrau eraill a'r meddwl. Dyna a'i hysgoga i wneud y gwaith yn gelfydd ddychmyglon.

Roedd trefn y datblygiad o'r Rhamantau i'r Realistig ac o Fyth i Hanes yn ymddangos yn golled mewn dychymyg, serch hynny, drwy symud o grebwyll i ddarfelydd. Ond 'dull' arall ydoedd mewn Mynegiant, nid 'dull' salach o anghenraid. Fe dlodwyd dehongliad trosiadol: enillwyd y llythrennol. Bellach, wrth geisio yn y cyfnod diweddar werthfawrogi naws rhamantau'r Oesoedd Canol, rhaid i'r meddwl adennill cywair mwy ysbrydol nag sy'n gyfarwydd, a llamu i donfedd lai ffotograffaidd.

## (C.8)
# FFURF MYNEGIANT

Pan soniwn am Ffurf Mynegiant, yn wahanol i Ffurf Tafod, yr hyn sy dan sylw yw'r amrywiadau arbennig a geir yn y gwaith unigol a ddarllenwn. Nid yn gymaint yr adeiladwaith cyflawn sy'n gyffredin i lawer o weithiau ac sy'n gysylltiedig â dull y meddwl dynol o ddelweddu rhai o brofiadau sylfaenol dynol-ryw. Y mae a wnelo â ffordd yr amseroedd o roi at ei gilydd iaith ddelweddol atyn-iadol.

Dyma, felly, ramant aristocrataidd 'lafar' wedi'i bwriadu i gyflwyno delfryd a rhyfeddod delwedd o fywyd anturus a syber, ac i ddiddanu'n gelfydd gynulleidfa brofiadol.

Y mae'r arddull yn gorfforiad o'r ffaith ganolog honno. Er ei bod yn sylfaenol syml gyda brawddegau byrion, gall ar dro fod yn *seremonïol* iawn gyda chyffyrddiadau addurnedig a fwriadwyd i'n synnu. Mae'r arddull yn ddawnus odiaeth ac nid wyf am roi cynnig ar ddadansoddiad na disgrifiad arddullol 'trwyadl' gan y byddai hynny'n rhoi cyfrifoldeb y tu hwnt i'r gofod sydd gennyf. Credaf mai arddull y Tair Rhamant yw'r arddull fwyaf aeddfed a meistrolgar a sgrifennwyd erioed yn y Gymraeg, heb eithrio'r cyfieithiadau o'r Beibl. Ac ni fynnwn namyn tynnu sylw at rai priodoleddau nodedig.

Beth a rydd i'r Tair Rhamant eu telynegrwydd tlws ac aristocrataidd mewn Mynegiant? Mae ystyried hynny'n ein symud oddi wrth Ddulleg (sef Ffurf Tafod) i Arddulleg (sef Ffurf Mynegiant).

Cyfuniad o nifer o ffactorau, 'gredwn i. Ceir, wrth gwrs, rediadau o frawddegau byrion ysgafn, yn amrywio'n fynych am yn ail â brawddegau mwy estynedig; ac mae'r naill fath a'r llall wedi'u llunio o bryd i'w gilydd gydag ymwybod go eglur o urddas cydbwysedd, neu o fwrlwm areithiol, gan amrywio'r ffurf frawddegol yn gelfydd. Ceir patrymwaith ymataliol o ddeuoedd a thrioedd achlysurol sy'n ffurfio trefn o symudiad pert. Uniongyrchedd gloyw a syml a geir fel arfer, ac ymadroddi diwastraff; ond ceir hefyd amrywiaeth cystrawennol hynod o ddawnus, ynghyd â rhethreg ymollyngus effeithiol, yn arbennig gyda gwisgoedd a cheffylau. Ceir disgrifio moethus, er enghraifft, ar lun 'yr araith' a'r 'rhestr', yn ogystal â sgyrsio bachog ac adroddiant stori cyflym liwgar yn amyneilio â'i gilydd.

Gwedd ar seremonïaeth oedd dweud stori i'r cyfarwydd, achlysur celfyddydol ar ganol cyffredinedd ymddiddan arferol. Yr hyn sy'n bwysig i sylwi arno gyda'r rhediadau 'seremonïol' a geir yma ac acw yw bod yr awdur bob amser yn eu defnyddio i bwrpas – gyda rhyw wedd ar yr olwg allanol sy'n bwriadol roi argraff o rwysg gan mwyaf. Ni fyn eu taflu i mewn fel addurn damweiniol allanol.

Cymerer er enghraifft yr amrywiad ar lun y frawddeg abnormal ar ddechrau pob un o'r rhamantau – fel ar ddechrau chwedlau canol eraill. 'Yr ymherodr Arthur oedd yng Nghaerllion ar Wysg' (0.1)

'Efrog iarll bioedd iarllaeth y Gogledd, a saith meib a oedd iddo.' (P. 38).

'Arthur a ddefododd ddala llys yng Nghaerllion ar Wysg'. (G. 97).

Meddai'r Athro Arwyn Watkins (SC XII/XIII): 'Dyfais ddatganiadol a ddefnyddid gan gyfarwyddiaid y Cyfnod Canol (a'r Hen Gyfnod) oedd rhoi'r goddrych yn gyntaf wrth ddechrau dweud stori. Byddai hyn yn ffordd effeithiol iawn o dynnu sylw'r gynulleidfa . . . at y ffaith fod datganiad chwedl ar ddechrau . . . Mewn geiriau eraill, eitem arall yn y cyfarpar stylistig a oedd gan y cyfarwydd wrth law.' Nid abnormaliaeth wneud yw hyn, felly, i dorri cyt nac i swancio. Mae iddi swyddogaeth effeithiol. Dynion a oedd wedi derbyn addysg beirdd, mae'n ymddangos i mi, oedd rhyddieithwyr storïol yr oesoedd canol. Mewn ysgolion beirdd y dysgasent eu chwedlau, a sut i gyfuno a chymhwyso chwedlau. Gan y traddodiad llafar a thrwy'r penceirddiaid y dysgent eu harddull; ac iddynt hwy yn ddiau y llunient eu hymarferion iaith, megis o bosib yr 'areithiau pros' fel yr un a gysylltir ag enw Iolo Goch, neu freuddwyd Gruffudd ab Adda ap Dafydd, gyda'i geiriau cyfansawdd, ansoddeiriau o flaen enwau, pentyrru geiriau disgrifiol, cyflythreniad, troadau a ffigurau ymadrodd, a chyferbynnu'r technegau rhethregol lu hyn â phurdeb elfennol a chroyw. Roedd llunio rhyddiaith gymen a chrefftus yn gamp.

Ymdeimlwn â seremonïaeth ffurfiol ac *awyrgylch defodol* y chwedlau hyn ar unwaith ym mhob cymal wrth ddechrau darllen Geraint. (97)

'Arthur a ddefododd ddala llys yng Nghaerllion ar Wysg, ac y'i daliodd ar untu saith Pasg a phump Nadolig. A'r Sulgwyn dreiglwaith, dala llys a orug yno, canys hygyrchaf lle yn ei gyfoeth oedd Gaerllion oddi ar fôr ac oddi ar dir. A dygyfor a orug ato naw brenin coronog a oeddynt wŷr iddo, hyd yno, a chyda hynny ieirll a barwniaid, canys gwahoddwyr iddo fyddai y rhai hynny ym mhob gŵyl arbennig oni bai fawr anghenion yn eu lluddias.'

Pob peth wedi'i osod o'r blaen yn ôl ei drefn ac yn ôl ei safle, cyn meddwl dechrau ar y stori'i hun.

Yna, â'r awdur rhagddo i fanylu ar y modd y gwnaed y trefniadau crefyddol ac i'r cymhelliad am hynny, a pham y rhagorai Gwalchmai yn bennaf o'r naw penteulu: 'canys ef o ardderchogrwydd clod milwriaeth ac urddas bonedd oedd bennaf ar y naw penteulu.' Sonnid am arfer Glewlwyd: 'nid ymyrrai ef yng ngwasanaeth namyn yn un o'r tair gŵyl arbennig.' Hyd yn oed y carw a helid: 'ni cherdda gydag un anifail o ryfyg a balchder rhag ei frenineidded.' Mae yna elfennau o ganiatâd poenus o gywir yn cael eu ceisio: Gwenhwyfar wrth Arthur, 'a ganiatei di fyfi . . .'; Gwalchmai wrth Arthur, 'onid oedd iawn i tithau ganiatáu . . .' Yna, 'galw a orug Arthur ar y gweision a gadwai ei wely . . . (Hwy) a gyfarchasant well iddo.' A dyma Wenhwyfar yn ymuno ar 'farch o'r a weddo i wragedd eu marchogaeth.' Dyma sut y cynhelir gwareiddiad mewn priodoldeb cyfundrefnus.

Ymunir yn yr helfa gan farchog dieithr, sef Geraint, ac fe'i cyflwynir yntau hefyd yn rhwysgfawr syber: fe'n boddir yn wir gan syberwyd –

(100-101) 'hwynt a welent farchog ar ebolfarch helyglai athrugar ei faint, a macwy gwinau ieuanc esgeirnoeth teyrnaidd arno, a chleddyf eurddwrn ar ei glun, a phais a swrcot o bali amdano, a dwy esgid isel o gordwal am ei draed, a llen o borffor glas ar warthaf hynny, ac afal aur wrth bob cwr iddi. A cherdded yn uchelfalch drybelidffraeth (sylwer ar y diwygiad o'r testun fan yma) gysonfyr a wnâi y march, ac ymorddiwes â Gwenhwyfar a orug, a chyfarch gwell iddi a orug.'

Fe bery'r cwrteisi a'r ddefodaeth hyn:

(102) 'Am nad wyt yn anrhydedd dyn a weddo wrtho ymddiddan â'm harglwydd i.' 'Myfi,' ebe Geraint, 'a ymddiddenais a gŵr sydd gystal â'th arglwydd di.' (105) 'Y gwasanaeth gorau a allwyf i,' eb hi, 'mi a'i gwnaf ac iddo ac i'w farch.' Ac yn y blaen, t.107, ll.5,20; t.108, ll.4.

Yn awr, yr wyf yn ceisio pwysleisio yma mai ffordd o fyw yw canol yr hyn y mae'r Mynegiant yn ei gyflwyno. Dichon mai hyfforddi'r llys oedd rhan o waith y cyfarwydd Cymraeg wrth bleidio moesau o'r fath. Mawrygu gwareiddiad yr ydys, canmol delfryd, dyrchafu egwyddorion a moesau.

Mae'r gwisgoedd yn gyson yn cyfleu'r seremonïaeth hon (3. ll.3-21; 4. ll.4yml.) Ni ellir llai na thybied wrth fwrw golwg ar dudalen agoriadol *Geraint* oll fod y rhifau penodol a grybwyllir hwythau hefyd, yn cyfrannu i fanylder y priodoldeb ffurfiol: saith Pasg a phump Nadolig; naw brenin coronog; tair eglwys ar ddeg – sef un ac un ac un ac un a naw arall, tair gŵyl.

Amrywia'r cyfartaledd o '*areithiau*' rhethregol (y rhediadau o gyfansoddeiriau ac o eiriau lluosillafog a'r pentyrru o ansoddeiriau) rywfaint o ramant i ramant, ond mae yna duedd iddynt ddigwydd mewn grwpiau.

O.3: caer fawr lewychedig; dau was pengrych melyn; gŵr pengrych melyn;

P.69: ac a'i cyrchodd yn llidiogddrud engiriolchwerw (diwygiedig) awyddfalch, ac a'i gwanodd ddyrnod gwenwyniglym tostddrud milwrieiddffyrf o dan ei ddwyen.

G.100: 'ebolfarch helyglai athrugar';

'macwy gwinau ieuanc esgeirnoeth teyrnaidd';

'uchelfalch drybelidffraeth gysonfyr';

G.101: 'march ucheldew ffroenfoll maeswehyn cadarnddrud';

'march canwelw telediw a phedestrig wastadfalch ganddo';

'ar gadfarch mawr tomlyd ac arfau trwm gloyw amdano'.

G.148: 'dyrnod tostlym athrugar angerddolddrud';

'diasbad athrugar aruchel ddidaweldost';

G.150 'dyrnod eiddiglym gwenwynigdost cadarnffyrf'.

Adlewyrchu a wna'r 'areithiau', yn eu moethusrwydd geiriol y moethusrwydd buchedd a chwenychir.

Yn y cyd-destun hwnnw y darllenwn hefyd y *rhestri achlysurol*. Cymerer er enghraifft y rhestr nodedig ond od sy'n 'cychwyn' gyda Geraint ar ei gyrch: ceir llu y mae'u henwau'n soniarus i'w cael mewn Trioedd Chwedloniaeth: cyfleu rhwysg gorymdaith y mae'r cyfarwydd o hyd.

(121) 'Sef nifer a aeth gydag ef: Gwalchmai fab Gwyar, a Rhiogonedd fab brenin Iwerddon, ac Ondio fab dug Bwrgwyn, Gwilym fab rhwyf Ffrainc, Hywel fab Emyr Llydaw, Elifri Anaw Cyrdd, Gwyn fab Tringad, Gorau fab

Custennin, Gwair Gwrhydfawr, Garanno fab Golithmer, Peredur fab Efrog, Gwyn Llogell Gwŷr, ynad llys Arthur, Dyfyr fab Alun Dyfed, Gwrei Gwalstod Ieithoedd, Bedwyr fab Bedrod, Cadwri fab Gwrion, Cai fab Cynyr, Odiar Ffranc, ystiward llys Arthur.'

Does dim gwacach mewn stori na rhestr, i bob golwg. Ac eto, yr ŷm yn barod, fel y gwelsom yn ein ffilm Antony a Cleopatra, i wylied yn gegagored orymdaith fawreddog ddileferydd. Anelu at yr un argraff fyrlymog y mae'r cyfarwydd yma. (cf. 39, 83, 98) Wrth glywed am y fath gynulliad gellid dychmygu cegau aelodau'r llys yn agor fwyfwy – o leiaf yn feddyliol, wrth i bawb sylweddoli y fath ddyn pwysig oedd Geraint.

Er gwaetha'r bwrlwm hwn, y mae symudiadau y stori ac adeiladwaith y brawddegau unigol a'r rhediadau 'paragraffaidd' yn ddisgybledig gymen. Y gwir yw mai syml, uniongyrchol a chytbwys ddestlus yw adeiladwaith y rhamantau yn gyffredinol.

Ond sylwer ar frawddegau estynedig a adeiladwyd yn ôl yr un strwythur o gydbwysedd destlus, drwy gyplysu ymadrodd a chymal:

O.1: 'Glewlwyd Gafaelgar oedd yno, hagen, ar fraint porthor i arfoll ysb a phellenigion, ac i ddechrau eu hanrhydeddu, ac i fynegi moes y llys a'i defod iddynt: i'r neb a ddylai fyned i'r neuadd neu i'r ystafell i'w fynegi iddo, i'r neb a ddylai lety i'w fynegi iddo.'
8: 'Os ffoi di rhagddo, ef a'th orddiwedd: os arhosi dithau efô, a thi yn farchog, ef a'th edy yn bedestr.'
10: 'Ac ni chaffwn i neb a grybwyllai wrthyf i ddim am fy nghyrch i'r ffynnon: nis crybwyllais innau wrth neb.'
18: 'A mefl iddi ohonom y gyntaf a yrro at ei gilydd, ai myfi i adolwyn gwahodd i ti, ai tithau i'm gwahodd innau'.

Dyma gryn gyfran o baragraff wedi'i llunio o gylch yr egwyddor ffurfiol hon:

19: 'Oni elli di gynnal y ffynnon, ni elli gynnal dy gyfoeth. Ni eill gynnal y ffynnon namyn un o deulu Arthur; a minnau a af', ebe Luned, 'hyd yn llys Arthur. A mefl im', eb hi, 'os deuaf oddi yno heb filwr a gadwo y ffynnon yn gystal neu yn well na'r gŵr a'i cadwodd gynt'.
'Anodd yw hynny', eb yr iarlles, 'ac eisoes, dos i brofi yr hyn a ddywedi'.

Gwyddom wrth gwrs am *briod-ddulliau deuol* cyfredol digon cyffredin sy'n rhan o'r un osgo feddyliol:

> 8. 'diau oedd gennyf i, Gai, na ddihangai na dyn na llwdn yn fyw o'r a orddiweddai y gawod allan, gan ni orsafai un genllysgen ohoni nac er croen nac er cig' (cf. 2: 'a cherdded eithafoedd byd a diffeithwch' 5: 'dy afles na'th les' 9: 'na chynt nac wedi')

Mae'r afael hon ar ddisgyblaeth gyferbyniol seml mewn brawddegau o'r fath serch hynny yn un o'r rhesymau amryfal pam yr ymdeimlwn ag awyrgylch o ffurfioldeb clasurol cynnil, isymwybodol rywsut, wrth ddarllen y chwedlau hyn. Mae'n ymwybodol amlycach yn y *brawddegau byrrach* wrth gwrs:

> O 2: 'A cherdded y ffordd a wneuthum hyd hanner dydd; a'r parth arall a gerddais hyd bryd nawn.'
> 3: 'A rhag däed ei wybod ef, cynt y cyfarchodd ef well i mi na myfi iddo ef.'
> 4: 'Ac arian oedd y bwrdd, a bliant oedd lieiniau y bwrdd.'
> 5: 'A phan fu debyg gan y gŵr fod yn well gennyf ymddiddan na bwyta, ymofyn a orug â mi pa ryw wŷr oeddwn . . . 'Cwsg yma heno,' eb ef, 'a chyfod yn fore i fyny.'
> 6: 'Mawr y dywedodd y gŵr imi ei fod ef, mwy o lawer oedd ef na hynny.'

Sylwer ar y *rhediad brawddegol canlynol, gyda deuoedd a thriawd* yn eu canol:

> (8) 'A phan fo ddigrifaf gennyt gerdd yr adar, ti a glywi duchan a chwynfan yn dyfod ar hyd y dyffryn tuag atat. Ac ar hynny ti a weli farchog ar farch (i) purddu a gwisg o bali (ii) purddu amdano, ac ystondard o fliant (iii) purddu ar ei wayw. A'th gyrchu a wna yn gyntaf y gallo.'

Tardda'r cydbwysedd cystrawennol a brawddegol hwn, mae'n debyg, o'r *rheidrwydd yn y meddwl dynol, wrth ddadansoddi'i brofiad o'r bydysawd i gyferbynnu ac i ailadrodd.* Ffurfiwyd llu o gyplysiadau deuol o'r herwydd, weithiau'n gryno, ond weithiau, wrth gwrs, ar eu mwyaf datblygedig yn fwy estynedig: sylwer er enghraifft ar dud. 99, lle y ceir tair enghraifft olynol, 'onid oedd iawn i tithau ganiatáu i'r neb y delai hwnnw ato yn yr helfa ladd ei ben a'i roddi i'r neb y mynnai, ai i ordderch iddo ei hun ai i ordderch i gydymaith iddo, na marchog na pheddestr y dêl iddo?' (cf. y ddwy olynol t.105,ll.5-8; 108,ll.26-27; 109,ll.12-15; 136,ll.12-15.)

Heblaw'r cydbwyso deuol wrth adeiladu brawddegau, y mae'r uchafbwyntio triol yn cael ei amlygu'n gyson iawn:

> O 2: 'y glyn tecaf yn y byd, a gwŷdd gogyfuwch ynddo, ac afon redegog oedd ar hyd y glyn.'
> O 8: 'A'r ffynnon a welwn dan y pren, a'r llech farmor yn ei hymyl, a'r cawg arian wrth y gadwyn.' 0 16 :'o bali a serig a syndal.'
> O 20: 'ei chynnal onid o farch ac arfau a milwriaeth.'
> P 59: 'a chyffelybu dued y frân a gwynder yr eira a chochder y gwaed.'
> G. 100-101: 'A cherdded yn uchelfalch . . . ac ymorddiwes â Gwenhwyfar . . . a chyfarch gwell iddi.'
> 102: 'Sef a orug y forwyn . . . Sef a orug y cor . . . Sef a wnaeth y forwyn.'
> 103: 'A phob tŷ a welai yn llawn o wŷr ac arfau a meirch.'
> 105: 'pryd a gosgedd a thelediwrwydd.'

Wrth gwrs, y mae rhediad triol mewn gweithredoedd storïol yn nodwedd ryngwladol sydd ynghlwm wrth y cyfundrefnau ieithyddol triol (person, tymp, ac yn arbennig fan yma y graddau ansoddeiriol).

> O 15-16: 'Pa weiddi yw hwn? . . . Pa ddiasbedain yw hwn? . . . Pa ystyr sydd i'r gweiddi hwn?'
> 17: 'Duw a ŵyr', eb y forwyn . . . 'Duw a ŵyr', ebe Owain . . . 'Duw a ŵyr', eb y forwyn.
> 23-4: 'Ac ymgyrchu a wnaethant ac ymwan y dydd hwnnw . . . A thrannoeth yr aethant i ymwan . . . A'r trydydd dydd yr aethant i ymwan . . .
> 49: 'A Pheredur a gyfododd ac a drawodd yr ystwffwl . . . A'r eilwaith y trawodd yr ystwffwl . . . A'r drydedd waith, y cyffelyb ddyrnod a drawodd . . .
> 59: Y macwy'n dod at Beredur, yn ogystal â phedwar macwy ar hugain; 60 Cai yn dod; 61 Gwalchmai'n dod.

Sylwer ar y rhediadau hyn ar dud. 108:

> 'y mae yma forwyn sydd decach a thelediwach a dyledocach . . . A thorri to o belydr, a thorri yr ail, a thorri y drydedd do . . . dolef a llawenydd a gorawen . . . gŵr gwynllwyd a'i wraig a'i ferch . . .'

Mewn gwirionedd, gwedd ar y rhestr rethregol yw'r *disgrifiadau moethus* pentyrrol a geir yn gyson yma ac acw yn y Tair Rhamant, ond nas ceir yn y Pedair Cainc. Y chwedl debycaf yn hyn o beth, a'r debycaf ar lawer golwg i'r rhamantau, yw'r chwedl Frutaidd *Breuddwyd Macsen*, o bosibl o'r un parth daearyddol, sef Gwent. Dyma ddisgrifiad byrlymus sy'n dechrau gyda'r ymadrodd gafaelgar 'Ac nachaf y gwelwn' sy'n tynnu'r sylw'n ddirfodol synhwyrus, ac yn dramateiddio: (O 3)

> 'Ac nachaf y gwelwn ddau was pengrych melyn, a rhactal aur am ben pob un ohonynt, a phais o bali melyn am bob un ohonynt, a dwy wintas o gordwal newydd am draed pob un a gwaegau aur am fynyglau eu traed yn eu cau; a bwa o asgwrn eliffant yn llaw pob un ohonynt, a'u llinynnau o ïau hydd, a'u saethau a'u pelydr o asgwrn morfil wedi eu hasgellu ag adanedd paun, a phennau aur ar y pelydr; a chyllyll a llafnau aur iddynt, a'u carnau o asgwrn morfil yn nodau iddynt, a hwyntau yn saethu at eu cyllyll.'

Ar achlysuron fel hyn, lle y mae'r disgrifiad yn ymagor yn araf 'addurniadol' fel cynffon paun, y mae'r adroddiant yn arafu'n hamddenol. Ond dro arall gall y storïwr grynhoi'r hyn a ddigwyddasai eisoes dros gyfres o ddudalennau er mwyn atgoffa'i gynulleidfa'n sydyn drwy ôl-olwg a chrynodeb o'r digwyddiadau perthnasol arwyddocaol. Felly:

> P 95: 'Arglwydd', eb y gwas, 'mi a ddeuthum (cyfeiriad at dud. 83) yn rhith y forwyn ddu i lys Arthur, a phan fwriaist (cyfeiriad eto at dud. 93) y clawr, a phan leddaist (t.94) y carw, a phan fuost (t.95) yn ymladd â'r gŵr du o'r llech; a mi a ddeuthum â'r pen yn waedlyd ar y ddysgl, ac â'r gwayw yr oedd y ffrwd waed o'r pen hyd y dwrn ar hyd ei baladr (cf. 50, 80).

Dyma, mewn gwirionedd, ryddiaith soffistigedig o'r radd flaenaf yn symud o adroddiant estynedig i grynodeb ac yn ôl i'r adroddiant estynedig.

Gellir ymglywed â rhyw afiaith wrth i'r storïwr gynnull a threfnu'i eiriau fel perfformiwr ar lwyfan.

Mae'r bwrlwm geiriol a gyfleir drwy redeg yn sydyn weithiau o un ferf i'r llall, ar waith er mwyn corffori cyffro:

O 13: 'Ac i borth y gaer y daethant. A gollwng y marchog duog a wnaethpwyd i mewn, a gollwng dôr ddyrchafad a wnaethpwyd ar Owain, a honno a'i medrodd oddis i bardwngl y cyfrwy oni dorrodd y march yn ddau hanner trwyddo, a throellau yr ysbardunau gan i sodlau Owain, ac oni gerdda y ddôr hyd y llawr, a throellau yr ysbardunau a dryll y march i maes: ac Owain rhwng y ddwy ddôr, a'r dryll arall i'r march. A'r ddôr i mewn a gaewyd fel na allai Owain fyned oddi yno.'

Dro arall y mae'r disgrifio'n medru bod yn eithafol grotesg. Sylwer er enghraifft ar ganol y cyflwyniad canlynol o hagrwch gwrthun blodeuog, ar y storïwr yn gwthio i mewn fformiwla a ddefnyddir i ddisgrifio harddwch ('melynach na blodau y banadl').

P 83: 'Ac ar hynny hwynt a welent yn dyfod i mewn forwyn bengrech ddu ar gefn mul melyn, a chareiau anfanol yn ei llaw, yn gyrru y mul; a phryd anfanol angharuaidd arni. Duach oedd ei hwyneb a'i dwylo na'r haearn duaf a darffai ei bygu; ac nid ei lliw hacraf, namyn ei llun: gruddiau aruchel oedd iddi, ac wyneb cycir i waered, a thrwyn byr ffroenfoll, a'r naill lygad yn frithlas tra theryll a'r llall yn ddu fel y muchudd yng ngheuynt ei phen. Dannedd hirion melynach na blodau y banadl, a'i chroth yn cychwynnu o gledr ei dwyfron yn uwch na'i helgeth. Asgwrn ei chefn a oedd ar waith bagl. Ei dwy glun a oedd yn llydan esgyrnig ac yn fain oll o hynny i waered eithr ei thraed a'i gliniau a oeddynt fraisg.'

(Gyda llaw, byddwn yn adolygu'r esboniad o 'cycir' yn *Y Tair Rhamant* ac yn ei gysylltu bellach â'r Bardd Cwsg, 'dyma Gawr o Ddiawl ceghir'. Arwydd o rychwant dawn y storïwr yw y gellir ei gymharu, yma, er enghraifft, yn briodol iawn ag Ellis Wynne yn y dychanu cartwnaidd, er y gall fod mor felys ysgafn a hyfryd bert dro arall.)

Un o'r tudalennau mwyaf nodedig yw tud. 109 lle y mae'r gadwyn o ferfenwau'n rhuthro drwy'r adroddiant i gyfleu'r gweithredu cyflym heb ei gorffori mewn amser, fel y gwna berf bersonol: enwir diriaeth y digwyddiad dro ar ôl tro fel peth *'gorddino* ei farch a orug Geraint, a'i *gyrchu* ef gan ei *rybuddio*, a *gosod* arno . . . Ac yn gyflym *disgynnu* a orug Geraint a llidio, a *thynnu* cleddyf a'i *gyrchu* yn llidioglym. Cyfododd y marchog yntau a

*thynnu* cleddyf arall yn erbyn Geraint, ac ar eu traed
*ymffust* â chleddyfau . . .' Ond y gyfres o weithredoedd a
gyflwynir ag ailadrodd 'oni . . . oni . . . oni(d)', deg ohonynt
ar un tudalen, dyma sy'n mynd â'n gwynt. A gwahenir y
chwech cyntaf a'r pedwar olaf gan echel o ddwy frawddeg
gyferbyniol, bron fel pe bai'r awdur ar siglen rhwng un
symudiad a'r llall:

> 'A phan fai hytraf Geraint y llawenhâi y gŵr gwynllwyd a'i
> wraig a'i ferch. A phan fai hytraf y marchog y llawenhâi yr
> iarll o'i blaid.'

Gyda rhyddiaith sylfaenol lafar, sy'n adrodd stori seml
wedi'i seilio ar gynllwyn elfennol, y perygl yw peidio ag
amrywio'r arddull yn ddigonol. Arddengys T. J. Morgan
yr ystwythder amlochrog ac amryddawn sy'n bosibl
mewn adeiladwaith cystrawennol yn rhychwant y
technegau brawddegol: 'Meddylier am frawddeg fel
'Gyrrodd Pwyll y cŵn at y carw', . . . Fe ellir *cyfleu
gweithred* y gosodiad trwy ddweud: Pwyll a yrrodd y cŵn,
a.y.b.; Y cŵn a yrrodd Pwyll, a.y.b.; At y carw y gyrrodd
Pwyll y cŵn; Gyrru'r cŵn o Bwyll at y carw; Gyrru o
Bwyll y cŵn at y carw. Dyma fraslun o'r amrywiadau sy'n
bosibl ar y frawddeg hon; pe bai'r gosodiad yn cynnwys
elfennau eraill, gellid amlhau'r amrywiadau, yn enwedig
pe bai'n frawddeg y gellid ei throi i'r Presennol Dramatig,
neu gael *llyma* a *nachaf* o'i blaen.'

Dyma baragraff enghreifftiol, gyda phob brawddeg ar
gynllun gwahanol, a phob un frawddeg yn meddu ar
batrwm diddorol, y cwbl yn adeiladu tuag at gwlwm
taclus: weithiau'n meddu ar rediad deuol, weithiau'n
driol; weithiau'n normal, weithiau'n abnormal; gyda
fformiwla ac araith, gydag ailadrodd geiriol ffiwgaidd a
chyflythreniad ac odli:

> (O 2) 'Namyn  unmab mam a thad *oeddwn* i, a drythyll
> *oeddwn*, a *mawr* oedd fy rhyfyg. Ac ni thebygwn yn y *byd* a
> orffai arnaf o neb ryw gamwri. Ac wedi darfod im orfod ar
> bob camwri o'r a oedd yn un wlad â mi, ymgyweirio a
> *wneuthum* a cherdded eithafoedd *byd* a diffeithwch. Ac yn
> y diwedd, dywanu a *wneuthum* ar y *glyn* tecaf yn y *byd*, a
> (i) gwŷdd gogyfuwch ynddo, ac (ii) *afon* redegog oedd ar hyd

y *glyn*, a (iii) *ffordd* gan ystlys yr afon. A *cherdded* y *ffordd* a wneuthum *hyd* hanner dydd; a'r *parth* arall a *gerddais hyd* bryd nawn. Ac yna y *deuthum* i *faes mawr*, ac yn niben y *maes* yr oedd *caer fawr* lewychedig, a gweilgi yn gyfagos i'r *gaer*. A *pharth* â'r *gaer* y *deuthum*.'

Sylwer ar y ffiwgio: 'oeddwn . . mawr . . byd . . wneuthum . . glyn . . afon . . ffordd . . cerdded . . hyd . . parth . . maes . . caer . . deuthum.'

Try o'r araith union i araith anunion ac yn ôl i'r dramatig.

Byddaf yn rhyfeddu at aeddfedrwydd y *synnwyr dramatig* ambell dro mewn peth o'r ysgrifennu hwn. Gall fod ar ffurf golygfa gymhleth yn emosiynol, ond hynod hydeiml. Carwn ddyfynnu un olygfa sydd ymhlith y darnau mwyaf medrus o'r fath mewn Cymraeg Canol. Go brin, cyn yr ugeinfed ganrif, i ryddiaith Gymraeg gyfleu perthynas seicolegol gywrain dwy wraig gyda'r fath ddethol dychmyglon.

O 18 'A chau drws y llofft a orug y forwyn, a myned parth â'r gaer. A phan ddaeth yno, nid oedd yno namyn tristyd a gofal, a'r iarlles ei hun yn yr ystafell heb ddioddef gweled dyn rhag tristyd. A dyfod a orug Luned ati a chyfarch gwell iddi; ac nis atebodd yr iarlles. A blynghau a orug y forwyn a dywedyd wrthi: 'Pa ddarfu iti pryd nad atebych i neb heddiw?'

'Luned', eb yr iarlles, 'pa wyneb sydd arnat ti pryd na ddelit i edrych y gofid a fu arnaf i? Ac ys gwneuthum i dydi yn gyfoethog. Ac oedd cam iti hynny'.

'Dioer', ebe Luned, 'ni thebygwn i na bai well dy synnwyr di nag y mae. Oedd well iti geisio gofalu am ennill y gwrda hwnnw nag am beth arall ni ellych byth ei gaffael'.

'Rhyngof i a Duw', eb yr iarlles, 'ni allwn i fyth ennill fy arglwydd i o ddyn arall yn y byd'.

'Gallit', ebe Luned, 'wra gŵr a fai gystal ag ef neu well nag ef'.

'Rhyngof a Duw', eb yr iarlles, 'pe na bai wrthun gennyf beri dienyddio dyn a fagaswn, mi a barwn dy ddienyddio am gyffelybu wrthyf beth mor anghywir â hynny. A pheri dy ddeol dithau mi a'i gwnaf!'

'Da yw gennyf', ebe Luned, 'nad achos it i hynny namyn am fynegi ohonof i iti dy les lle nis medrit dy hun. A mefl iddi ohonom y gyntaf a yrro at ei gilydd, ai myfi i adolwyn gwahodd i ti, ai tithau i'm gwahodd innau'.

Ac ar hynny, myned a orug Luned ymaith; a chyfodi a orug yr iarlles hyd ar ddrws yr ystafell yn ôl Luned a phesychu yn uchel, ac edrych a orug Luned tu dra'i chefn. Ac amneidio a orug yr iarlles ar Luned, a dyfod drachefn a orug Luned at yr iarlles. 'Rhyngof i a Duw', eb yr iarlles wrth Luned, 'drwg yw dy anian. A chanys fy lles i yr oeddit ti yn ei fynegi im, mynega pa ffordd fai hynny'. 'Mi a'i mynegaf', eb hi.

Un o'r darnau enwocaf, ond darn sy'n haeddiannol enwog, yw'r adroddiad am y dafnau gwaed a welodd Peredur yn yr eira. Er mor gyfarwydd yw, ni ellir llai na'i ddyfynnu gan mor hydeiml yw delweddaeth y disgrifiad:

P 59 Trannoeth y bore ef a gyfododd oddi yno, a phan ddaeth allan yr oedd gawod o eira wedi ry odi y nos gynt, a gwalch wyllt wedi lladd hwyad yn nhâl y cuddygl. A chan dwrf y march cilio o'r walch a disgyn brân ar gig yr aderyn. Sef a orug Peredur, sefyll a chyffelybu dued y frân a gwynder yr eira a chochder y gwaed i wallt y wraig fwyaf a garai a oedd cyn ddued â'r muchudd, a'i chnawd oedd cyn wynned â'r eira, a chochder ei gwaed yn yr eira i'r ddau fan gochion oedd yn ei gruddiau.

Ceir rhai cyffyrddiadau cynnil o ffraethineb sychlyd oherwydd troad lleihad:

8. 'Ac oni cheffi di yno ofid, nid rhaid iti ymofyn gofid tra fych fyw'.
17. 'Duw a ŵyr', eb y forwyn, 'na châr hi dydi na bychydig na dim'.

Ceir hefyd chwarae geiriol uniongyrchol: (6) Ac nid gŵr anhygar ef: gŵr hagr yw yntau'. (h.y. nid yn unig y mae angen dweud ei fod yn anhygar, y mae'n hagr hefyd). Ond ni ellir llai na synhwyro fod yr awdur yn 'chwarae' â geiriau yn ddiymollwng. Efallai mai'r ffordd orau i arddangos cyfoeth ei grefft fyddai drwy gymryd tudalen cyfan, a'i ddadansoddi'n fanwl o safbwynt patrymu geiriol: (t.104, rhifir yn ôl y llinellau).

*A'r marchog a'r farchoges a'r cor a gyrchasant y*
*castell a oedd yn y dref. Llawen oedd bawb wrthynt o'r*
*castell, ac ar y bylchau a'r pyrth ym mhob cyfair yr*
*ymdorfynyglent i gyfarch gwell ac i fod yn llawen*
5 *wrthynt. Sefyll ac edrych a orug Geraint a fyddai ddim*

*gohir arno yn y castell. A phan wybu yn hysbys ei*
*drigo, edrych a orug yn ei gylch, ac ef a welai ar dalm*
*o'r dref henllys adfeiliedig ac ynddi neuadd drydoll.*
*Ac wrth nad adwaenai neb yn y dref, myned a orug i'r*
10 *henllys. Ac wedi dyfod ohono parth â'r llys, ni welai*
*haeach; namyn lofft a welai, a phont o faen marmor yn*
*dyfod o'r lofft. Ac ar y bont y gwelai ŵr gwynllwyd yn*
*eistedd, a hen ddillad adfeiliedig amdano. Sef a orug*
*Geraint, edrych arno yn graff hir hynt. Sef y dywedodd*
15 *y gŵr gwynllwyd wrtho: 'A facwy', eb ef, 'pa*
*feddwl yw y tau di?' 'Meddylio', eb yntau, 'am na*
*wn pa le yr af heno'. 'A ddeui di rhagot yma, unben?'*
*eb ef. 'A thi a geffi orau a gaffer it'. A dyfod rhagddo*
*a orug, a chyrchu a orug y gŵr gwynllwyd i'r neuadd o'i*
20 *flaen. A disgynnu a orug yn y neuadd a gado yno ei*
*farch, a dyfod rhagddo tua'r lofft, ef a'r gŵr gwynllwyd.*
   *Ac ar y lofft y gwelai ohenwraig yn eistedd ar*
*obennydd a hen ddillad adfeiliedig o bali amdani; a*
*phan fuasai yn ei llawn ieuenctid, tebyg oedd ganddo na*
25 *welsai wraig decach na hi. A morwyn ger ei llaw a*
*chrys a llenlliain amdani, gohen yn dechrau adfeilio.*

Sylwer ar y modd y mae'n ailadrodd geiriau unigol,
gan ddychwelyd i daro'r un nodau dro a thrachefn yn
batrymog yn null ffiwg, gydag ambell air yn ailadrodd yn
fwy treiddgar megis y geiriau cyweiriol 'hen, adfeiliedig,
gwynllwyd' a geiriau'n gwasgu'r weithred o syllu ar y
ffenomen, 'edrych, gwelai,' neu'r geiriau sy'n cael eu
grwpio gyda'i gilydd, 'castell, tref,' 'llys, neuadd', 'lofft,
pont'.

Sylwer ar ambell rediad triol, e.e. ll.1;

a'r parau cyferbyniol dyfal, e.e. ll. 2, 3, 4, 5, 6-7, 9-10 a.y.b.

*castell*: ll. 2, 3, 6
*tref*: 2, 9
*edrych*: 5, 7, 14
*gwelai*: 7, 11, 12, 27,   *welsai*: 25
*hen*: 8, 10, 13, 22, 23, 26
*llys*: 8, 10, 10
*adfeiliedig*: 8, 13, 23   *adfeilio* 26
*neuadd*: 8, 19, 20
*lofft*: 11, 12, 21, 22
*pont*: 11, 12

*gwynllwyd*: 12, 15, 19, 27
*meddwl*: 104    *meddylio*: 104
*dyfod rhagot / rhagddo*: 17, 18

Yn awr, nid wyf yn meddwl am foment fod yr awdur o anghenraid yn ymwybodol o'r ailadrodd effeithiol hwn. Enghraifft o'r dychwelyd cyson at yr un nodau a'r hwyl a'r arddeliad a gaiff yr awdur ar y dweud brwdfrydig, dyna sydd yma, a hynny'n cael ei gyfleu i'r gwrandawr neu'r darllenydd. Mae'r darllenydd yn ymateb i hyn ar sail ei hydeimledd profiadol.

Gyda Mynegiant o'r fath y mae addysg emosiynol yn ganolog. Yma fe geir gwerthfawrogi rhythm a thôn ac ieithwedd. Mae ymateb argraffiadol yn gyfreithlon. Sensitifrwydd a phrofiad beirniad sy'n cyfeirio at yr hyn sy'n arwyddocaol, sef at yr hyn sy'n aeddfed. Ni theimla'r beirniad, wrth drafod Mynegiant, yr angen i ddosbarthu'i sylwadau'n garfanol. Mae beirniadaeth yn ymaflyd yn yr elfennau ffurfiol ac arddullol ac yn eu hysgwyd gan ymwybod â'u perthynas annatod â'r pwnc. Teimlo cymhlethrwydd a grym mae'r beirniad gyda Mynegiant o'r fath. A dyna sy'n briodol. Ond os yw'n mynd i amgyffred maes cyfan y profiad llenyddol, ni all osgoi'r adeiladwaith cyfansawdd, er gwaethaf pob rhamant-iaeth.

(CH.9)

# CASGLIAD

Gadewch imi ailadrodd y bwriad a fu gennyf ar ddechrau'r llyfryn bach hwn. Ceisiais gyflwyno 'fframwaith dihysbyddol' ar gyfer beirniadaeth lenyddol gan enghreifftio'r fframwaith ei hun yn anad dim. Fframwaith, sylwer. Ni cheisiais, wrth gwrs, gyflwyno 'beirniadaeth ddihysbyddol', peth sy'n ddi-ben-draw wrth reswm ac felly y tu hwnt i reswm. Ni cheisiais chwaith gymhwyso'n *llawn* unrhyw wedd ar y feirniadaeth honno. Yn wir, ni chyffyrddais â rhai pynciau go amlwg a rhai technegau storïol digon adnabyddus yn y ganrif hon. Er enghraifft, mewn beirniadaeth storïol, caiff 'safbwynt storïol' gryn sylw, a thrafodais y mater hwnnw ynghyd â nifer o faterion digon haeddiannol eraill yn f'ymdriniaethau *Tafod y Llenor* a *Seiliau Beirniadaeth*. O'r braidd eu bod wedi cael eu crybwyll, felly, yn y llyfryn hwn.

Y fframwaith a'r modd y mae'n cyfrannu at sylweddoli'r diffiniad o feirniadaeth lenyddol, ynghyd ag enghreifftio'n ddiriaethol fel y bo'r math o gyfeiriadau y mae'r fframwaith hwnnw'n ei fynegi'i hun, dyna'r hyn a geisiwyd. Mewn beirniadaeth lenyddol arferol, ni ddosrennir fel hyn mor wahân. Yn gyfiawn felly. Wedi'r cwbl y mae'r llenyddwaith ei hun yn cydlynu. Tuedd gramadeg dadansoddol yw dosbarthu ac wrth wneud hynny, dynnu ar wahân. Dyna duedd adeileddeg feirniadol hithau. Ceisiais yn hytrach archwilio'r theori ynghylch pa agweddau gwahanol sydd yn hanfodol gynhwysfawr o dan ystyriaeth. Bydd beirniadaeth ymarferol ei hun wedyn (yn hytrach na beirniadaeth theoretig) yn 'rhoi at ei gilydd'.

Mewn geiriau eraill, yr hyn y ceisiais ei wneud oedd disgrifio adeiladwaith dull llenyddol (*genre*) 'beirniadaeth lenyddol'. Ymarferiad mewn diffiniad ydoedd, ac ymarferiad mewn adeileddeg. Os oes 'cyflawnder ' yn yr adeiledd, 'cyflawnder' yw, yn debyg i 'gyflawnder' tri pherson y rhagenw.

Ceisiais amlinellu beth oedd cynnwys, lleoliad gwerth, a ffurf y maes beirniadol. Ceisiais fod yn 'gynhwysfawr' ar ryw olwg yn hynny o beth drwy nodi 'caeadrwydd' Tafod ac agoredrwydd Mynegiant tan nodi'r math o gyswllt a geir rhyngddynt. Ymgais ydoedd hyn oll ar ryw olwg i wneud rhywbeth newydd drwy olrhain fframwaith 'terfynedig', ac yna yn ffaeledig iawn i gymhwyso'r rhagdybiau fframweithiol hynny i un maes penodol mewn llenyddiaeth Gymraeg. Ond ni lwyddais i fod yn wir gynhwysfawr wrth gwrs, onid efallai wrth ddisgrifio adeiledd beirniadaeth, oherwydd perygl adeileddeg yw bod yn wrthrychol, ac y mae beirniadaeth ddisgrifiol a dadansoddol yn oddrychol hefyd. Dibynna ar brofiad chwaeth esthetig a moesol a'r ymateb i fywyd dychymyg ac iaith, ac y mae hynny yn eithafol o gymhleth megis y mae ymateb i bersonoliaeth ei hun.

Ceisiwyd, felly, olrhain paramedrau ac amlinell beirniadaeth; ceisiwyd pennu enwau'r elfennau mwyaf arwyddocaol a rheidiol mewn beirniadaeth; ceisiwyd dangos trefn olynol a natur a symudiad meddyliol eu cydberthynas, a safle'u cydlyniad; ceisiwyd felly ddiffinio'r cyfanwaith mewn beirniadaeth yn ffurfiol. A dewiswyd arddangos hyn oll yn enghreifftiol. Er na chafwyd yn y gyfrol feirniadaeth ei hun fel y'i cyfrifwn yn rym bywydol ac yn ymateb celfyddydol deinamig, cafwyd o leiaf *astudiaeth* o feirniadaeth.

Cysylltwyd y feirniadaeth honno ag un o uchaf-bwyntiau mwyaf trawiadol ein rhyddiaith.

Yn Lloegr rhwng llenyddiaeth Anglo-Sacsoneg (650-1066), gyda Beowulf, brwydr Maldon, Caedmon, a rhyddiaith Alfred, ac wedyn dechreuadau llenyddiaeth Saesneg (1340-1400), gyda Chaucer 'Troilus a Chresyd' a Chwedlau Caer-gaint a Sir Gawain, ceid ymdeimlad o fwlch, yn arbennig yn ystod tawelwch canrif a chwarter 1066-1189. Dichon mai Layamon (a sgrifennai'r Brut rhwng 1189 a 1205), sef y bardd cyntaf o bwys yn Saesneg i ddathlu Arthur, sy'n cynrychioli diwedd y bwlch hwnnw. Ond rhwng y ddau gyfnod, oherwydd dylanwadau Normanaidd newidiwyd arddull a chywair llenyddiaeth Saesneg yn llwyr: ysgafnhawyd yr iaith gryn dipyn, daeth yn groywach ac yn symleiddiach. A dichon y gellid cymharu â hynny yr hyn a ddigwyddodd mewn llenyddiaeth Gymraeg, er na chafwyd yr un math o fwlch eglur ac er bod y newid o'r herwydd yn llai chwyrn. Gwyddys, wrth gwrs, am y newid ansawdd rhwng y Gogynfeirdd a Beirdd yr Uchelwyr. Dechreuwyd cymathu yn felys ddylanwadau Normanaidd o ran cyhydedd, syniadau a theimladau yn fwy canadwy ysgafn. A diau y gellid olrhain (i lai graddau) y newid mewn rhyddiaith rhwng y *Pedair Cainc* a *Culhwch* ar y naill law a'r *Tair Rhamant* ar y llall i'r unrhyw ffynhonnell. Ni chafwyd yn Gymraeg ddim tebyg i'r canlyniadau trychinebus a gafodd y goresgyniad Normanaidd (am y tro) ar lenyddiaeth Saesneg tan ar ôl y Ddeddf Uno. Ond y mae'r hudlath a ysgydwodd y Normaniaid uwchben y chwedlau yn peri bod rhyddiaith y *Tair Rhamant* yn cynnwys o leiaf beth o dlysni persain a meddwl prydferth mwyaf croyw hanes ein rhyddiaith. Dathlai ar y pryd, a dathla o hyd, ffordd o fyw gan ddelweddu gwareiddiad a ddyrchafwyd yn ddelfryd gan y cyfarwydd mewn ffurf ac arddull a gydweddai'n seremonïol â'r deunydd. Os ceisiwn sylwi fwyfwy ar berthynas Tafod a Mynegiant, down i fyfyrio ar y cyswllt rhwng hil a'r unigolyn, rhwng traddodiad (sef bywyd y gorffennol) a'r llenyddwaith cyfoes (sef bywiogrwydd y cynrychiolydd presennol); a chydbwyswn o'r herwydd aeddfedrwydd y cyfuniad rhwng sefydlogrwydd y naill ac ansefydlogrwydd y llall. Hyn, dybiaf i, yw rhan o'r ymwybod a ddadlennir wrth fyfyrio am y maes yn ôl llawnder ei amlochredd.

# LLYFRYDDIAETH GRYNO I'R TAIR RHAMANT
*(ond hefyd i Feirniadaeth Gyfansawdd)*

*Crefft y Cyfarwydd*, Sioned Davies, Gwasg Prifysgol Cymru, 1995.

'Rhai sylwadau ar arddull *Peredur* a pherthynas y chwedl Gymraeg â *Perceval* Chrétien', Doris Edel, *Llên Cymru*, XIV, 52-63.

'Peredur a'r Dafnau Gwaed', Glenys Goetinck, *Llên Cymru*, VII, 54-61.

'Historia Peredur', Glenys Goetinck, *Llên Cymru*, VI, 138-53

'Sofraniaeth yn y Tair Rhamant', Glenys Goetinck, *Llên Cymru*, VIII, 168-82.

*Historia Peredur Vab Efrawc*, Glenys Goetinck, Gwasg Prifysgol Cymru, 1976.

'Cai fab Cynyr', R. M. Jones, *Bwletin Bwrdd y Gwybodau Celtaidd*, XIV, 119-23.

'Y Rhamantau Arthuraidd' Ai o Lyfr Gwyn Rhydderch y codwyd testun Llyfr Coch Hergest?' R. M. Jones, *Bwletin Bwrdd y Gwybodau Celtaidd*, XV, 109-116.

'Y Rhamantau Cymraeg a'u cysylltiadau â'r Rhamantau Ffrangeg', R. M. Jones, Llên Cymru, IV, 1957, 208-27.

*I'r Arch*, Bobi Jones, Llyfrau'r Dryw, 1959, y bennod ar y rhamantau, 21-37.

*Y Tair Rhamant*, Bobi Jones, Cymdeithas Lyfrau Ceredigion, 1960 (at dudalennau'r argraffiad hwn y cyfeirir wrth ddyfynnu yn y gyfrol hon).

*System in Child Language*, R. M. Jones, University of Wales Press, 1970.

Rhagymadrodd i *Llyfr Gwyn Rhydderch*, R. M. Jones, y testun wedi'i olygu gan J. Gwenogvryn Evans, Gwasg Prifysgol Cymru, 1973, i-xix.

*Tafod y Llenor*. R. M. Jones, Gwasg Prifysgol Cymru, 1974, penodau VIII a IX.

*Llên Cymru a Chrefydd*, R. M. Jones, Christopher Davies, 1977, y bennod ar Owain, 146-175.

*Seiliau Beirniadaeth*, R. M. Jones, Aberystwyth, 1984-8 (yn arbennig Cyfrol I a tt. 309-340, 429-525).

'Narrative in Medieval Welsh Prose Tales', R. M. Jones yn *The Mabinogi* gol. C. W. Sullivan III, Garland Publishing, 217-262.

'Gogynghanedd y Gogynfeirdd', R. M. Jones, *Ysgrifau Beirniadol* XXII, 41-79 (ar ddiacroni Tafod mewn Beirniadaeth Gyfansawdd).

'The Celtic Sovereignty Theme and the Structure of *Peredur*', J. C. Lovecy, *Studia Celtica* 12/13, 133-46.

'Adeiledd y Tair Rhamant', W. J. McCaun, *Ysgrifau Beirniadol* XIII, 123-33.

'Owain neu Iarlles y Ffynnon', Brynley F. Roberts *Ysgrifau Beirniadol* X, 124-43.

'Dosbarthu'r Chwedlau Cymraeg Canol', Brynley F. Roberts, *Ysgrifau Beirniadol* XV, 19-46.

'Sylwadau ar Ramant Geraint ac Enid', Brynley F. Roberts, *Ysgrifau Beirniadol* XVIII, 29-42.

'Nodiadau Testunol ar y Rhamantau', Eurys I. Rowlands, *Llên Cymru* VII, 115-23.

*Owain*, R. L. Thomson, The Dublin Institute for Advanced Studies, 1968.

'Y gwrthdaro rhwng serch a milwriaeth yn y *Tair Rhamant*,' Patricia Williams, *Ysgrifau Beirniadol* XII, 40-56.